Birgit Grain · Bernhard Hirsch

Controlling digitaler Behörden- kommunikation

Wie öffentliche Institutionen ihre digitale Kommunikation steuern und ihre Kommunikationsleistung messen können

Birgit Grain
Öffentlichkeitsarbeit
Bayerisches Staatsministerium des Innern,
für Sport und Integration
München, Bayern, Deutschland

Bernhard Hirsch
Allgemeine Betriebswirtschaftslehre,
insbesondere Controlling
Universität der Bundeswehr München
Neubiberg, Deutschland

ISBN 978-3-658-42043-7   ISBN 978-3-658-42044-4   (eBook)
https://doi.org/10.1007/978-3-658-42044-4

Die Deutsche Nationalbibliothek verzeichnet diese Publikation in der Deutschen Nationalbibliografie;
detaillierte bibliografische Daten sind im Internet über http://dnb.d-nb.de abrufbar.

Planung/Lektorat: Rolf-Guenther Hobbeling
Springer Gabler ist ein Imprint der eingetragenen Gesellschaft Springer Fachmedien Wiesbaden GmbH
und ist ein Teil von Springer Nature.
Die Anschrift der Gesellschaft ist: Abraham-Lincoln-Str. 46, 65189 Wiesbaden, Germany

Controlling digitaler Behördenkommunikation

Geleitwort

Ob und auf welche Weise Behörden bestmöglich digital kommunizieren sollen, wird seit einigen Jahren intensiv diskutiert. Es gilt dabei eine Vielzahl von rechtlichen und organisatorischen Rahmenbedingungen zu beachten.

Für die Kommunikation des Bayerischen Innenministeriums haben sich dabei vor allem die sozialen Medien in den letzten Jahren als stabile Säule der direkten und zeitnahen Bürgerinformation etabliert. Insbesondere zur Zeit der Corona-Pandemie erwies es sich für uns in der Behördenkommunikation als unentbehrlich, die Kanäle und Veröffentlichungswege zu nutzen, auf denen die Bürgerinnen und Bürger tatsächlich auch erreichbar sind. Unser Ziel war es, tagesaktuell und zeitnah über die für die Öffentlichkeit relevanten Handlungsrichtlinien im Corona-Zusammenhang zu informieren, aber auch die Gründe für die zu treffenden Maßnahmen zu erläutern und darzustellen. Uns erreichten allein während des Jahres 2020 über die Social-Media-Kanäle des Bayerischen Innenministeriums rund 29.000 konkrete und drängende Bürgerfragen. Wir hatten die Zielsetzung, mit einer zeitnahen Beantwortung den Fragenden und ihren Multiplikatoren Unsicherheiten zu nehmen und Handlungssicherheit zu geben. Es ist uns ein Stück weit gelungen, ein Gegengewicht zu den irreleitenden Fake-News im Corona-Zusammenhang zu setzen. Ohne die Präsenz auf den Social-Media-Kanälen wären eine reichweitenstarke Krisenkommunikation und ein effektiver und transparenter Dialog mit unseren Zielgruppen nicht möglich gewesen.

Dass sich die in der Corona-Kommunikation gewachsene Bindung an unsere digitalen Kommunikationskanäle für die Bürgerinnen und Bürger auch jenseits der Corona-Thematik überdauernd als gewinnbringend und hilfreich erweist, stellen wir erfreut anhand der regelmäßig steigenden Zahl unserer Nutzer fest. Die Social-Media-Kanäle, aber auch unser Internetauftritt, erweisen sich für viele Bürgerinnen und Bürger offensichtlich dauerhaft als verlässliche Quelle, wenn es darum geht, gesicherte Fakten abzurufen oder sich über die Kommentarfunktionen mit gezielten Fragen an uns zu wenden.

Die Social-Media-Arbeit im Bayerischen Innenministerium steht in der Verantwortung, ständig mit der Zeit zu gehen, Ziele im Community-Management zu definieren und ein Bewusstsein für neue Inhalte, Strategien, besonders aber auch für den sich permanent wandelnden Informationsbedarf der Bürgerinnen und Bürger zu entwickeln. Zur erfolgreichen Social-Media-Arbeit gehört daher auch die Steuerung und das Messen unserer Kommunikationsleistung.

Ein umfassendes, zielorientiertes Kommunikationscontrolling macht erkennbar, ob unsere Inhalte und Informationen unsere Zielgruppen erreichen und führt darüber hinaus zu Anpassungen des Kommunikationsmanagements und zu einer verbesserten Strategie zum Erreichen neuer Kommunikationsziele.

Insofern ist das vorliegende Buch ein höchst informativer und unentbehrlicher Begleiter und Ratgeber (nicht nur) für Behörden und staatliche Institutionen auf dem Weg hin zu erfolgreicher digitaler Kommunikationsarbeit. Ich wünsche dem Buch viele interessierte Leserinnen und Leser!

Dr. Andrea Peschel, Leiterin des Sachgebiets ,Kommunikation und Bürgerdialog' des Bayerischen Staatsministeriums des Innern, für Sport und Integration.

München
im März 2023

Vorwort

Liebe Leserin,
  Lieber Leser,
  es gibt kaum einen Lebensbereich, der nicht von der voranschreitenden Digitalisierung betroffen wäre. Abhängig von der jeweiligen persönlichen oder beruflichen Situation hat der digitale Wandel Auswirkungen auf unseren Alltag – mal mehr, mal weniger. Blickt man dabei speziell auf den Aspekt der Kommunikation, so haben sich unsere Kommunikationsmöglichkeiten durch die Digitalisierung sowohl im Privat- als auch im Berufsleben generell stark verändert. Während im privaten Umfeld vor allem die sogenannten ‚Digital Natives‘ nahezu keine Probleme mit diesen technischen Neuerungen haben, sind es in der Arbeitswelt insbesondere die international agierenden Großunternehmen, die es früh verstanden haben, die neuen digitalen Kommunikationsmöglichkeiten für sich zu nutzen. Im Vergleich zu diesen haben gerade Behörden häufig mit dem Vorurteil zu kämpfen, dass sie gegenüber neuen technologischen Trends nicht aufgeschlossen wären. Tatsächlich ist die Behördenlandschaft in Deutschland äußerst komplex aufgebaut und nicht jede technische Neuerung kann von der Verwaltung gleich einfach, schnell und rechtssicher

umgesetzt werden. Nichtsdestotrotz haben Behörden in den letzten Jahren im technischen Bereich enorm aufgeholt und die digitale Kommunikation mit der Bevölkerung und den Medien sowie den digitalen Austausch innerhalb der Verwaltung stetig ausgebaut.

Genau an dieser Stelle setzt das Ihnen vorliegende Buch an: Schließlich sollte es bei der Nutzung digitaler Kommunikationskanäle auch um die Frage gehen, ob die neuen Kommunikationsformen für die Behörden selbst, aber auch für die Bürgerinnen und Bürger einen Mehrwert bieten und wie sich dieser Wertbeitrag messen lässt – beispielsweise über die Etablierung eines Kommunikationscontrollings. Wir richten uns daher mit diesem Werk an Kommunikationsverantwortliche, Controller und Führungskräfte in der Verwaltung, die wissen möchten, wie sie ihre digitalen Kommunikationsmaßnahmen konsequent an der jeweiligen Behördenstrategie ausrichten und wie sie deren Erfolgsbeitrag zur Erreichung übergeordneter Organisationsziele bewerten können. Dafür haben wir als Autoren unsere langjährigen Erfahrungen aus den Bereichen Controlling, Kommunikationswissenschaft und Behördenkommunikation in dieses Buch einfließen lassen. Wir möchten Sie dazu ermutigen, sich mit dem Thema Kommunikationscontrolling in Ihrer Behörde auseinanderzusetzen, bestehende Prozesse – wo nötig – zu hinterfragen und vielleicht sogar neu zu denken. Das Buch soll Ihnen außerdem eine Hilfestellung geben, innerhalb Ihrer Organisation erstmalig Maßnahmen des Kommunikationscontrollings aufzubauen. Dazu leiten wir Sie Schritt für Schritt an und geben Ihnen neben den theoretischen Grundlagen auch in jedem Kapitel anschauliche praktische Beispiele an die Hand. Zur weiteren Unterstützung fassen wir jedes Kapitel am Ende nochmals zusammen und ermöglichen Ihnen nach jedem Inhaltsabschnitt anhand der Literaturangaben, sich tiefergehend mit den jeweiligen Themenbereichen auseinanderzusetzen.

Besonders freut es uns, dass wir darüber hinaus Kommunikatoren aus Bundes- und Landesbehörden für unser Buch gewinnen konnten, die mit ihrer jahrelangen Praxiserfahrung dieses Werk bereichert haben. Daher bedanken wir uns – in der Reihenfolge ihrer Beiträge – besonders bei:

Dr. Andrea Peschel, Leiterin des Sachgebiets ‚Kommunikation und Bürgerdialog' des Bayerischen Staatsministeriums des Innern, für Sport und Integration,

Daniela Bröker, Leiterin des Stabs Zentrales Controlling, Multiprojektmanagement und Veränderungsmanagement im Bundesverwaltungsamt,

Michael Brauns, Pressesprecher an der Universität der Bundeswehr München und

Martin Eulitz, Leiter der Stabsstelle Kommunikation der Kassenärztlichen Vereinigung Bayerns.

Wir hoffen, dass Sie viele positive Erfahrungen mit den von uns vorgestellten Methoden des Kommunikationscontrollings machen und einen für Sie größtmöglichen Nutzen daraus ziehen können.

Viel Freude bei der Lektüre dieses Buches wünschen Ihnen

München, Deutschland   Birgit Grain (MBA)
Neubiberg, Deutschland   Professor Dr. Bernhard Hirsch

Inhaltsverzeichnis

Über die Autoren

Birgit Grain hat nach ihrem Studium der Kommunikationswissen
schaft an der Ludwig-Maximilians-Universität in München ein Master-
Studium im Bereich Public Management an der Universität der
Bundeswehr München abgeschlossen. Sie verfügt über langjährige
Erfahrung als Kommunikationsverantwortliche in Behörden. Derzeit ist
sie in der Öffentlichkeitsarbeit des Bayerischen Innenministeriums tätig.

Bernhard Hirsch ist Universitätsprofessor für Betriebswirtschaftslehre, insbesondere Controlling, an der Universität der Bundeswehr München. Er leitet seit mehr als 12 Jahren den Arbeitskreis „Steuerung und Controlling in öffentlichen Institutionen" und hat über viele Jahre auch als Journalist gearbeitet.

Abbildungsverzeichnis

1

Einführung

Kommunikationsverantwortliche in Behörden befinden sich immer häufiger in einem Spannungsfeld zwischen den Ansprüchen ihrer Rezipienten an eine zeitgemäße Verwaltungskommunikation einerseits und institutionellen sowie rechtlichen Vorgaben andererseits.[1]

Dabei gehen die gesellschaftlichen Erwartungen an öffentliche Verwaltungen zunehmend über die Erfüllung deren gesetzlichen Auftrags hinaus.[2] In der Folge sind Behörden mittlerweile zu komplexen, aber auch veränderungsbereiten Organisationen geworden, die sich nicht nur im Kommunikationsbereich mit Unternehmen aus der Privatwirtschaft messen lassen können.[3]

Gesellschaftliche Entwicklungen, die sich allgemein unter dem Begriff ‚Digitalisierung' subsumieren lassen, schaffen darüber hinaus neue Rahmenbedingungen, die insbesondere für die Arbeit von Kommunikatoren von großer Bedeutung sind.[4] So führt die

---

[1] Vgl. Kocks et al. (2020, S. 4).
[2] Vgl. Hirsch et al. (2018, S. 3 ff.).
[3] Vgl. Preis (2018, S. 68).
[4] Vgl. Stieglitz und Wiencierz (2022, S. 292).

B. Grain und B. Hirsch, *Controlling digitaler Behördenkommunikation*, https://doi.org/10.1007/978-3-658-42044-4_1

Digitalisierung zu tiefgreifenden Veränderungsprozessen in der Kommunikation zwischen Behörden und den Bürgerinnen und Bürgern, indem sich die Bevölkerung verstärkt an der Funktionsweise der neuen Informations- und Kommunikationstechnologien orientiert und dies auch von staatlichen Akteuren erwartet.[5] Dadurch lässt sich ein Aufweichen bekannter Ordnungsmuster der Bürgerkommunikation beobachten, die es für Behörden schwieriger machen, die nun diffus erscheinenden, digitalen Kommunikationswirkungen zu erfassen.[6]

In diesem Zusammenhang sollten sich auch öffentliche Institutionen, ähnlich wie Wirtschaftsunternehmen, damit auseinandersetzen, welche Herausforderungen und Potenziale digitale Kommunikationsprozesse mit sich bringen und welchen Wertbeitrag diese zur Erreichung der jeweiligen Organisationsziele leisten können.[7] Diese Fragestellungen sind unter anderem ein Untersuchungsgegenstand des sogenannten ‚Kommunikationscontrollings‘.[8]

Aus der Perspektive der Wissenschaft handelt es sich beim Kommunikationscontrolling – auch international betrachtet – um eine noch vergleichsweise junge Forschungsdisziplin. Im Jahr 2010 wurden mit der ‚Barcelona Declaration of Measurement Principles‘ erstmals international einheitliche Standards für das Kommunikationscontrolling etabliert.[9] Auf dieser Basis wurde von der Association for the Measurement and Evaluation of Communication (AMEC) ein erstes Stufenmodell zur Messung von Kommunikationswirkungen entwickelt.[10] Bisherige wissenschaftliche Betrachtungen und die einschlägige Fachliteratur zur Evaluation von Kommunikation beschränken sich allerdings in der Regel auf die Kommunikation durch gewinnorientierte Wirtschaftsbetriebe in Verbindung mit der

---

[5] Vgl. Stieglitz und Wiencierz (2022, S. 290 ff.).
[6] Vgl. Sass (2018, S. 44).
[7] Vgl. Reinecke et al. (2016, S. 4).
[8] Vgl. Sass (2018, S. 39).
[9] Vgl. Huhn und Sass (2011, S. 5).
[10] Vgl. Sass und Zerfaß (2016, S. 173).

Erreichung finanzieller Unternehmensziele.[11] Verschiedene Untersuchungen haben dabei unter anderem gezeigt, dass es auch bei Unternehmen aus der Privatwirtschaft teilweise noch Nachholbedarf bei der Messung digitaler Kommunikationswirkungen gibt.[12] So wurde zum Beispiel festgestellt, dass vielen Unternehmen ein institutionalisiertes Kommunikationscontrolling fehlt, mit dem die Steuerung und Evaluation von digitalen Kommunikationsprozessen systematisch verbessert werden könnte.[13] Aufgrund der quantitativ-monetären Ausrichtung von Unternehmen sind die bislang auf diese fokussierenden Studien für eine Übertragung auf den behördlichen Bereich allerdings nur eingeschränkt geeignet.[14] Ferner wurde das Feld der Verwaltungskommunikation bislang nur wenig erforscht[15] und empirische Erkenntnisse dazu, wie Behörden ihre Kommunikation evaluieren, gibt es bis dato lediglich vereinzelt.[16]

Eine Befragung unter Schweizer Behörden im Jahr 2016 lieferte erstmalig detailliertere Daten zur Evaluation von Kommunikation in Verwaltungen. Ein Ergebnis dieser Studie war, dass das Kommunikationscontrolling häufig nicht systematisch in die behördlichen Arbeitsabläufe integriert wird, obwohl den beteiligten Institutionen durchaus bewusst war, wie wichtig die Evaluation der Kommunikationsleistung einer Behörde für die erfolgreiche Ausrichtung ihrer Kommunikationsarbeit wäre.[17] Eine im Jahr 2017 veröffentlichte, europaweit angelegte Studie kam zu dem Schluss, dass auch Regierungsorganisationen in Zukunft verstärkt dazu übergehen sollten, die Wirksamkeit ihrer Kommunikationsmaßnahmen zu evaluieren, um ihre Institutionen erfolgreich steuern zu können.[18]

---

[11] Vgl. Weber (2017, S. 152).
[12] Vgl. Esch und Eichenauer (2016, S. 386).
[13] Vgl. Rolke et al. (2022, S. 595 f.).
[14] Vgl. Weber (2017, S. 152).
[15] Vgl. Kocks et al. (2020, S. 8).
[16] Vgl. Zerfaß et al. (2010, S. 101 ff.).
[17] Vgl. Weber (2017, S. 157 ff.).
[18] Vgl. Zerfaß et al. (2017, S. 2 ff.).

Die bislang in diesem Zusammenhang publizierten Arbeiten vernachlässigen jedoch die möglichen Herausforderungen, die insbesondere digitale Kommunikationsformen für das Kommunikationscontrolling in der öffentlichen Verwaltung mit sich bringen können. Dies wirft die Fragestellungen auf, ob und wie die Digitalisierung der Kommunikation Einfluss auf das Kommunikationscontrolling von Behörden nimmt und welche Konsequenzen dies für die damit verbundene Ableitung von geeigneten und aussagekräftigen Messkriterien hat. Im Rahmen dieses Buches werden Antworten auf diese Fragen gegeben.

Dazu klären wir für Sie zunächst die begrifflichen Grundlagen des Kommunikationscontrollings und erläutern den Unterschied von Effektivität und Effizienz von Kommunikationsmaßnahmen. Anschließend gehen wir darauf ein, weshalb sich die Behördenkommunikation grundsätzlich in einem digitalen Wandel befindet und welche Einflussfaktoren dafür verantwortlich sind. Dabei zeigen wir auf, was die eigentlichen Zielsetzungen digitaler Kommunikationsmaßnahmen von öffentlichen Institutionen sein sollten.[19] Des Weiteren erläutern wir, wie eine Leistungsmessung von Kommunikation und die Ableitung geeigneter Kennzahlen stattfinden kann – speziell auch für den Fall, dass ein Kommunikationscontrolling in Ihrer Organisation erst neu eingeführt werden sollte. In diesem Zusammenhang stellen wir Ihnen Herausforderungen vor, mit denen die digitale Behördenkommunikation aktuell konfrontiert wird. Ergänzend präsentieren wir Ihnen anhand von Praxisbeispielen einen Vorschlag, wie ein stimmiges Controllingmodell für die digitale Kommunikation in einer Behörde aufgebaut werden könnte. Abschließend geben wir Ihnen noch zehn konkrete Tipps für die Einführung eines erfolgreichen Kommunikationscontrollings in Ihrer Behörde an die Hand.

Langjährig erfahrene Kommunikationsprofis aus Bundes- und Landesbehörden bereichern zudem dieses Werk mit ihren Beiträgen rund um das Thema Kommunikationscontrolling. Die Leserinnen

---

[19] Vgl. Storck (2016, S. 411).

und Leser erhalten so Einblicke in die Kommunikationsarbeit der Universität der Bundeswehr München, des Bundesverwaltungsamts, der Kassenärztlichen Vereinigung Bayerns und des Bayerischen Staatsministeriums des Innern, für Sport und Integration.

Literatur

Esch, F.-R./Eichenauer, S. (2016): Verfahren zur Messung der Kommunikationswirkung im Internet und bei Social Media, in: Handbuch Controlling der Kommunikation, hrsg. von Franz-Rudolf Esch et al., 2. überarb. Aufl., Wiesbaden, S. 385–405.

Hirsch, B./Weber, J./Schäfer, F.-S. (2018): Kennzahlen als Mess- und Steuerungsinstrument in Behörden, Berlin.

Huhn, J./Sass, J. (2011): Positionspapier Kommunikations-Controlling, hrsg. von Deutsche Public Relations Gesellschaft e. V. (DPRG)/Christopher Storck/Internationaler Controller Verein e. V. (ICV), Bonn/Gauting.

Kocks, K./Knorre, S./Kocks, J. N. (2020): Verwaltung in der Öffentlichkeit: Zur Bedeutung kommunikativer Problemstellungen in den Zeiten technologisch induzierten Medienwandels, in: Öffentliche Verwaltung – Verwaltung in der Öffentlichkeit, hrsg. von Klaus Kocks et al., Wiesbaden, S. 1–11.

Preis, A. (2018): Kommunikation und ihr Controlling in der öffentlichen Verwaltung, in: Controlling & Management Review, 7/2018, S. 68–72.

Reinecke, S./Janz, S./Hohenauer, R. (2016): Controlling der Marketingkommunikation: Zentrale Kennzahlen und ausgewählte Evaluationsverfahren, in: Handbuch Controlling der Kommunikation, hrsg. von Franz-Rudolf Esch et al., 2. überarb. Aufl., Wiesbaden, S. 3–26.

Rolke, L./Buhmann, A./Zerfaß, A. (2022): Evaluation und Controlling der Unternehmenskommunikation, in: Handbuch Unternehmenskommunikation, hrsg. von Ansgar Zerfaß et al., 3. überarb. Aufl., Wiesbaden, S. 595–615.

Sass, J. (2018): Kommunikations-Controlling in der digitalen Praxis, in: Kommunikationssteuerung, hrsg. von Lothar Rolke und Jan Sass, Berlin/Boston, S. 39–50.

Sass, J./Zerfaß, A. (2016): Communication Scorecards zur Kommunikationssteuerung und Wertschöpfung, in: Handbuch Controlling der

Kommunikation, hrsg. von Franz-Rudolf Esch et al., 2. überarb. Aufl., Wiesbaden, S. 163–179.

Stieglitz, S./Wiencierz, C. (2022): Digitalisierung, Big Data und soziale Medien als Rahmenbedingungen der Unternehmenskommunikation, in: Handbuch Unternehmenskommunikation, hrsg. von Ansgar Zerfaß et al., 3. überarb. Aufl., Wiesbaden, S. 289–309.

Storck, C. (2016): Verfahren zur Messung der PR-Wirkung, in: Handbuch Controlling der Kommunikation, hrsg. von Franz-Rudolf Esch et al., 2. überarb. Aufl., Wiesbaden, S. 407–432.

Weber, K. (2017): Wie können Behörden ihre Kommunikation evaluieren?, in: Jahrbuch der Schweizerischen Verwaltungswissenschaften, Zürich, S. 150–167.

Zerfaß, A. et al. (2010): European Communication Monitor 2010. Status Quo and Challenges for Public Relations in Europe. Results of an Empirical Survey in 46 Countries, Brüssel.

Zerfaß, A./Verčič, D./Volk, S. C. (2017): Communication evaluation and measurement: Skills, practices and utilization in European organizations, in: Corporate Communications: An International Journal (Vol. 22, No. 1), S. 2–18.

2

Grundlagen des Kommunikationscontrollings

2.1 Der Begriff Kommunikationscontrolling

Obwohl in der einschlägigen Fachliteratur für den Begriff Kommunikationscontrolling verschiedene inhaltliche Auffassungen existieren,[1] lässt sich feststellen, dass diese übereinstimmend das Kommunikationscontrolling als einen Funktionsbereich des Kommunikationsmanagements beschreiben. In diesem werden Methoden, Strukturen und Kennzahlen für die Planung, Steuerung und Kontrolle von Kommunikationsprozessen angewandt.[2] Nach diesem Verständnis liegt die Zielsetzung des Kommunikationscontrollings darin, eine Strategie-, Prozess-, Ergebnis- und Finanztransparenz von Kommunikationsmaßnahmen zu erzeugen.[3] Kommunikationscontrolling beinhaltet folglich mehr als die bloße Kontrolle einzelner Kommunikationsprozesse.

---

[1] Vgl. Pfefferkorn (2009, S. 10).
[2] Vgl. Pfefferkorn (2009, S. 10 ff.).
[3] Vgl. Zerfaß und Dühring (2016, S. 66).

B. Grain und B. Hirsch, *Controlling digitaler Behördenkommunikation*, https://doi.org/10.1007/978-3-658-42044-4_2

Kommunikationscontrolling soll kommunikatives Handeln in einen Managementprozess von Planung, Steuerung und Kontrolle übersetzen und dabei drei Formen der Rationalitätssicherung des Controllings in den Fokus rücken:[4] die Ergebnisrationalität (‚Werden die richtigen Kommunikationsziele angestrebt und erreicht?‘), die Prozessrationalität (‚Werden geeignete Kommunikationskonzepte verwendet und umgesetzt?‘) sowie die Inputrationalität (‚Verfügen die Kommunikationsverantwortlichen über die notwendigen Ressourcen?‘). Dazu wird ermittelt, welchen Beitrag die interne und externe Kommunikation einer Organisation für die Erreichung ihrer jeweiligen Zielsetzungen leistet.[5]

Dem Kommunikationscontrolling kommt dadurch eine Funktion als Steuerungsinstrument der Führungs- und Entscheidungsebene einer Organisation zu, bei dem es auch darum geht, den Wertschöpfungsbeitrag der Kommunikation zu ermitteln und zu belegen.[6] Aus den gewonnenen Informationen können dann Handlungsempfehlungen für Führungskräfte abgeleitet werden. Ein wichtiger Zweck des Kommunikationscontrollings ist somit die Beantwortung der Frage, ob die richtigen Kommunikationsprozesse durchgeführt werden (Effektivität des Kommunikationsprozesses) und zum anderen beinhaltet ein modernes Kommunikationscontrolling auch die Analyse, ob diese Prozesse richtig durchgeführt werden (Effizienz des Kommunikationsprozesses).[7] Entscheidend ist, dass diese Analyse auf der operativen und auf der strategischen Ebene der Kommunikation erfolgt.[8] Was konkret unter Effektivität und Effizienz von Kommunikationsmaßnahmen verstanden werden kann, wird im folgenden Kapitel erläutert.

---

[4]Vgl. Rolke (2016, S. 33 f.) Zur Rationalitätssicherungsaufgabe des Controllings vgl. grundlegend Weber und Schäffer (2022, S. 27–28), und Weber und Schäffer (1999).

[5]Vgl. Weber (2017, S. 152).

[6]Vgl. Besson (2012, S. 101).

[7]Vgl. Schmelzer und Sesselmann (2002, S. 31).

[8]Vgl. Storck (2016, S. 410).

2.2 Effektivität und Effizienz von Kommunikationsmaßnahmen

Aussagen über die Effektivität einer Maßnahme charakterisieren deren Wirksamkeit, wobei in diesem Zusammenhang keine Bewertung der Verhältnismäßigkeit des Mitteleinsatzes zur Erreichung des Ziels der Maßnahme vorgenommen wird.[9] In Abgrenzung zum Effizienzbegriff ermöglichen Angaben über die Effektivität einzelner Maßnahmen Aussagen zur Zielerreichung sowie zur Zweckmäßigkeit der Maßnahme. Dabei findet ein Abgleich zwischen dem Ist-Output und dem Soll-Output in Bezug auf die angestrebten Ziele der Maßnahme statt.[10]

Im Kontext des Kommunikationscontrollings beschreibt der Begriff Kommunikationseffektivität die kommunikative Wirksamkeit, also das Ausmaß der Erfüllung des verfolgten Kommunikationszwecks.[11] Die Kommunikationseffektivität bezieht sich somit auf die erzielten Ergebnisse einer Kommunikationsmaßnahme im Verhältnis zur Erreichung der im Vorfeld definierten Kommunikationsziele der Maßnahme. Um entsprechende Wirkungskontrollen durchführen zu können, müssen Organisationen auswerten können, inwieweit das anvisierte Kommunikationsziel mit den dafür verfolgten Kommunikationsstrategien und -maßnahmen erreicht werden konnte. Daraus ergibt sich, dass Effektivitätskontrollen im Bereich des Kommunikationscontrollings die monetären und nicht-monetären Kommunikationswirkungen durch einen Vergleich zwischen den geplanten und realisierten Werten messen sollten.[12]

Effizienz beschreibt im Allgemeinen das Verhältnis des Aufwands zum Nutzen einer Maßnahme. Dabei berücksichtigt das sogenannte Wirtschaftlichkeitsprinzip den Mitteleinsatz, der zur Erzielung einer

---

[9] Vgl. Besson (2012, S. 100).
[10] Vgl. Schwarz (2013, S. 11).
[11] Vgl. Schwarz (2013, S. 11).
[12] Vgl. Reinecke et al. (2016, S. 5 ff.).

bestimmten Wirkung aufgewandt wurde.[13] Angestrebt wird dabei ein optimaler Ressourceneinsatz zur Erreichung eines vorher definierten Zielerreichungsgrades, beispielsweise indem vorgegebene Ziele mit einem möglichst geringen Mitteleinsatz erreicht werden (Minimal- bzw. Sparsamkeitsprinzip) oder mit einem festgelegten Mitteleinsatz eine Maximierung der angestrebten Ziele bewirkt wird (Maximal- bzw. Ergiebigkeitsprinzip).[14]

Interpretiert man die eben verwendeten Aufwands- und Nutzenbegriffe zu eng, besteht die Gefahr, nicht-monetäre Faktoren, die bei der Messung von Kommunikationsmaßnahmen eine wichtige Rolle einnehmen, zu vernachlässigen. Bei Kommunikationsprozessen sollten daher sowohl monetäre als auch nicht-monetäre Inputs und Outputs berücksichtigt werden, um eine umfassende Analyse von Handlungs- und Wirkungsbeziehungen zu ermöglichen.[15] So können Kommunikationsmaßnahmen von Organisationen – monetär betrachtet – beispielsweise ertragssteigernd oder kostensenkend wirken, darüber hinaus aber auch einen Einfluss auf immaterielle Vermögenswerte wie die Bekanntheit der Organisation, das Vertrauen in diese und somit deren Reputation nehmen.[16]

Daraus ergibt sich, dass sich die Kommunikationseffizienz als ein Maß für die Wirtschaftlichkeit von Kommunikationsmaßnahmen definieren lässt, die über eine Input-Output-Relation die monetäre und nicht-monetäre Mittelverwendung für Kommunikationsaktivitäten im Verhältnis zu den tatsächlich erreichten, materiellen und immateriellen Kommunikationszielen darstellt.[17]

---

[13] Vgl. Besson (2012, S. 100).
[14] Vgl. Schwarz (2013, S. 9 f.).
[15] Vgl. Schwarz (2013, S. 9 f.).
[16] Vgl. Zerfaß und Dühring (2016, S. 65).
[17] Vgl. Schwarz (2013, S. 11).

2.3   Systematisierung von Kommunikationsmaßnahmen anhand von Wirkungsstufenmodellen

Wie in den vorangegangenen Abschnitten erläutert wurde, ist es für Organisationen – unabhängig von ihrer Art und Größe – entscheidend zu wissen, wie effizient und effektiv ihre Kommunikationsmaßnahmen in Bezug auf die für sie relevanten Anspruchsgruppen wirken.[18] Zur Messung der Effektivität und Effizienz von Kommunikationsmaßnahmen haben sich im Kommunikations-controlling sogenannte Wirkungsstufenmodelle durchgesetzt, um kausale Zusammenhänge zwischen den Handlungen von an der Kommunikation beteiligten Akteuren und deren Folgen sichtbar zu machen und zahlenmäßig zu erfassen.[19]

Obwohl diese Modelle bei ihrem Einsatz in der Praxis unterschied-lich ausgestaltet werden, kann deren grundsätzlicher Aufbau und Systematik anhand eines Referenzmodells dargestellt werden, welches von der Deutschen Public Relations Gesellschaft (DPRG) zusammen mit dem Internationalen Controller Verein (ICV) entwickelt wurde.[20] Dieser Bezugsrahmen ermöglicht das Zusammenwirken und Ein-ordnen verschiedener Ansätze des Kommunikationscontrollings auf einer Metaebene.[21] Außerdem erlaubt er durch die einheitliche Definition der einzelnen Wirkungsstufen der Kommunikation eine organisationsunabhängige Vergleichbarkeit der Erfolgsmessung von Kommunikationsmaßnahmen.[22] Bei dem von DPRG und ICV ent-wickelten Modell werden Dimensionen zur Messung der Effizienz sowie der Effektivität von Kommunikationsmaßnahmen berücksichtigt und in vier Kategorien unterteilt: ‚Input', ‚Output', ‚Outcome' und

---

[18] Vgl. Jossé (2016, S. 752 ff.).
[19] Vgl. Rolke (2016, S. 29 ff.).
[20] Vgl. Jossé (2016, S. 752).
[21] Vgl. Rolke und Zerfaß (2010, S. 50 ff.).
[22] Vgl. Besson (2012, S. 105).

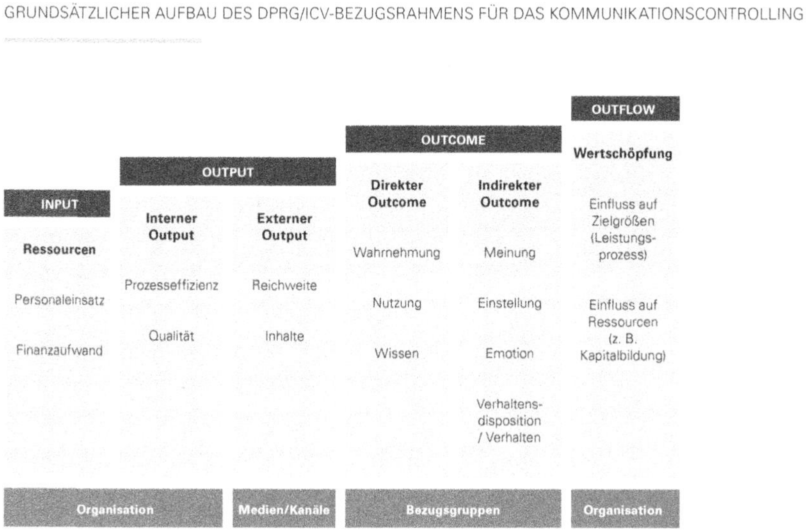

GRUNDSÄTZLICHER AUFBAU DES DPRG/ICV-BEZUGSRAHMENS FÜR DAS KOMMUNIKATIONSCONTROLLING

Abb. 2.1 Grundsätzlicher Aufbau des DPRG/ICV-Bezugsrahmens für das Kommunikationscontrolling. (In Anlehnung an Huhn und Sass 2011, S. 13)

‚Outflow'.[23] Damit wird sichergestellt, dass das Kommunikationscontrolling sämtliche Wirkungsdimensionen einer Kommunikationsmaßnahme erfasst (*siehe* Abb. 2.1).[24] Die vier Kategorien werden im Folgenden beschrieben.

Input-Ebene

Die ‚Input-Ebene' ist laut dem Bezugsrahmen der DPRG und des ICV der erste Bestandteil des Wirkungsstufenmodells. Diese Ebene wird ausschließlich innerhalb der eigenen Organisation betrachtet.[25] Auf ihrer Basis werden Aussagen über die Aufwände getroffen, die den jeweiligen Kommunikationsleistungen zugrunde liegen.[26] Dabei geht es insbesondere um Ressourcenfragen, also vor allem um die Aspekte ‚Personaleinsatz' und ‚Finanzaufwand', zum Beispiel zum Aufbau der

---

[23]Vgl. Besson (2012, S. 105).

[24]Vgl. Jossé (2016, S. 756).

[25]Vgl. Jossé (2016, S. 758).

[26]Vgl. Plauschinat et al. (2009, S. 3 ff.).

benötigten technischen Infrastruktur für die Umsetzung einzelner Kommunikationsmaßnahmen.[27] Im Rahmen des Kommunikations-controllings soll auf dieser Ebene die Frage beantwortet werden, mit welchen finanziellen und personellen Mitteln die im Vorfeld definierten Kommunikationsziele erreicht werden können.[28]

Output-Ebene
Auf der Output-Ebene kann zwischen dem ‚Internen Output' und dem ‚Externen Output' unterschieden werden.[29] Der Begriff ‚Output' bezieht sich dabei auf die erstellten Kommunikationsleistungen.

Die Wirkungsstufe ‚Interner Output' betrachtet in erster Linie die innerorganisatorischen Kommunikationsprozesse.[30] Ins-besondere die Prozesseffizienz steht dabei im Fokus.[31] Für Kommunikationsmaßnahmen sollen damit Verbesserungsmöglichkeiten aufgedeckt[32] und darüber hinaus die Qualität der kommunikativen Angebote untersucht werden.[33] Ziel ist, die organisationsinternen Prozesse in Bezug auf ein effizientes Kommunikationsmanagement best-möglich zu optimieren.[34]

Nach der Umsetzung einer Kommunikationsmaßnahme wird auf der Wirkungsstufe ‚Externer Output' die Seite der Kommunikations-empfänger betrachtet.[35] Der Externe Output bezieht sich auf die Reich-weite und Verfügbarkeit von Kommunikationsangeboten, die den Rezipienten zugänglich sind.[36] Dabei wird quantitativ untersucht, wie eine Organisation bei der Umsetzung von Kommunikationsprozessen

---

[27] Vgl. Rolke und Zerfaß (2010, S. 55).
[28] Vgl. Storck (2016, S. 428).
[29] Vgl. Plauschinat et al. (2009, S. 3 ff.).
[30] Vgl. Jossé (2016, S. 758).
[31] Vgl. Jossé (2016, S. 758).
[32] Vgl. Rolke und Zerfaß (2010, S. 55).
[33] Vgl. Storck (2016, S. 428).
[34] Vgl. Plauschinat et al. (2009, S. 3 ff.).
[35] Vgl. Jossé (2016, S. 758).
[36] Vgl. Rolke und Zerfaß (2010), S. 55).

die für sie relevanten Zielgruppen erreicht.[37] Allerdings erlaubt diese
Betrachtung noch keine Aussage darüber, ob die kommunizierten Botschaften bei den jeweiligen Bezugsgruppen ihre gewünschte Wirkung
entfaltet haben.[38] Dies ist erst auf der nächsten Wirkungsstufe, dem
‚Outcome‘, der Fall.

Outcome-Ebene

Auf der ‚Outcome-Ebene‘ werden die Wirkungen von
Kommunikationsmaßnahmen in Bezug auf die dadurch adressierten
Stakeholder ermittelt.[39] Dabei wird zwischen dem ‚Direkten Outcome‘
und dem ‚Indirekten Outcome‘ unterschieden.[40]

Der ‚Direkte Outcome‘ beschreibt wertneutral, welche Inhalte und
Botschaften von den Rezipienten aufgenommen wurden.[41] Dabei soll
zum Beispiel die Frage geklärt werden, inwiefern die durchgeführten
Kommunikationsmaßnahmen wahrgenommen wurden und ob es
gegebenenfalls zu einer Wissenssteigerung in Bezug auf die vermittelten
Kommunikationsinhalte bei den anvisierten Anspruchsgruppen
gekommen ist.[42] Daran schließt sich die Möglichkeit an zu ermitteln,
wie intensiv die Kommunikationsempfänger die kommunizierten
Inhalte nutzen.[43]

Diese beschriebenen direkten Kommunikationswirkungen sind die Voraussetzung für die Beeinflussung von Meinungen, Einstellungen, Emotionen und
Verhalten der Rezipienten, welche anschließend auf der Stufe des ‚Indirekten
Outcome‘ gemessen werden.[44] Dazu soll die Fragestellung beantwortet
werden, ob die angestrebten Veränderungen bei Meinungen, Einstellungen
etc. bei den durch die Kommunikationsmaßnahme angesprochenen

---

[37] Vgl. Storck (2016, S. 428).

[38] Vgl. Rolke und Zerfaß (2010, S. 55).

[39] Vgl. Jossé (2016, S. 758).

[40] Vgl. Plauschinat et al. (2009, S. 3 ff.).

[41] Vgl. Jossé (2016, S. 758).

[42] Vgl. Rolke und Zerfaß (2010, S. 55).

[43] Vgl. Storck (2016, S. 428).

[44] Vgl. Plauschinat et al. (2009, S. 3 ff.).

Stakeholdern tatsächlich eingetreten sind.[45] Hierbei kann es sich beispielsweise um die Verbesserung der Reputation einer Organisation oder um eine positive Meinungsveränderung in Bezug auf bestimmte Zielbotschaften handeln.[46]

Outflow-Ebene

Als Resultat von Kommunikationsprozessen können strategische, aber auch operative finanzielle und nicht-finanzielle Zielgrößen im Leistungsprozess einer Organisation sowie materielle und immaterielle Werte und Ressourcen beeinflusst werden.[47] Immaterielle Werte beziehen sich bei Behörden beispielsweise auf ihre Reputation oder ihre Glaubwürdigkeit, während materielle Werte von Verwaltungen zum Beispiel die Zuweisung von Haushaltsmitteln betreffen.

Im Rahmen des Wirkungsstufenmodells von DPRG und ICV wird dieser Wertbeitrag auf der ‚Outflow-Ebene' gemessen. Dabei geht es um die Abschätzung des Mehrwerts, also des Wertschöpfungsbeitrags von Kommunikationsmaßnahmen, der – wie eingangs erläutert – nicht ausschließlich monetär bestimmt werden sollte.[48] Vielmehr steht der Beitrag der Kommunikationsleistungen zur Erreichung von im Vorfeld definierten, auch nicht monetären, Organisationszielen im Vordergrund.[49]

2.4 Was Sie aus diesem Kapitel mitnehmen können

Die fortschreitende ‚Digitalisierung' unserer Gesellschaft schafft vor allem für die Arbeit von Kommunikatoren neue Rahmenbedingungen. In diesem Zusammenhang sollten sich auch die Kommunikationsverantwortlichen in Behörden, ähnlich wie in Wirtschaftsunternehmen,

---

[45] Vgl. Storck (2016, S. 428).
[46] Vgl. Jossé (2016, S. 759).
[47] Vgl. Rolke und Zerfaß (2010, S. 56).
[48] Vgl. Jossé (2016, S. 759).
[49] Vgl. Plauschinat et al. (2009, S. 3 ff.).

damit auseinandersetzen, welche Herausforderungen und Potenziale digitale Kommunikationsprozesse mit sich bringen und welchen Wertbeitrag diese zur Erreichung der jeweiligen Organisationsziele leisten können. Diese Fragestellungen sind unter anderem ein Untersuchungsgegenstand des sogenannten ‚Kommunikationscontrollings‘. Ein wichtiger Zweck des Kommunikationscontrollings ist die Beantwortung der Frage, ob die richtigen Kommunikationsprozesse durchgeführt werden (Effektivität des Kommunikationsprozesses) und zum anderen beinhaltet ein modernes Kommunikationscontrolling auch die Analyse, ob diese Prozesse richtig durchgeführt werden (Effizienz des Kommunikationsprozesses). Zur Messung der Effektivität und Effizienz von Kommunikationsmaßnahmen haben sich im Kommunikationscontrolling sogenannte Wirkungsstufenmodelle durchgesetzt, um kausale Zusammenhänge zwischen den jeweiligen Handlungen der an der Kommunikation beteiligten Akteure und der daraus resultierenden Folgen sichtbar zu machen und zahlenmäßig zu erfassen. Bei einem von DPRG und ICV entwickelten Wirkungsstufenmodell werden Dimensionen zur Messung der Effizienz sowie der Effektivität von Kommunikationsmaßnahmen berücksichtigt und in vier Kategorien unterteilt: ‚Input‘, ‚Output‘, ‚Outcome‘ und ‚Outflow‘. Damit wird sichergestellt, dass das Kommunikationscontrolling sämtliche Wirkungsdimensionen einer Kommunikationsmaßnahme erfasst. Dieses Modell ist in seinen Grundzügen auch für die Anwendung in öffentlichen Institutionen geeignet, wobei es bislang nur vereinzelt empirische Erkenntnisse dazu gibt, wie Behörden ihre Kommunikation evaluieren.

Literatur

Besson, N. (2012): PR-Evaluation und Kommunikationscontrolling, Edingen-Neckarshausen.

Huhn, J./Sass, J. (2011): Positionspapier Kommunikations-Controlling, hrsg. von Deutsche Public Relations Gesellschaft e. V. (DPRG)/Christopher Storck/Internationaler Controller Verein e. V. (ICV), Bonn/Gauting.

Jossé, H. (2016): Kommunikationscontrolling in kleineren und mittleren Unternehmen, in: Handbuch Controlling der Kommunikation, hrsg. von Franz-Rudolf Esch et al., 2. überarb. Aufl., Wiesbaden, S. 751–770.

Pfefferkorn, E. J. (2009): Kommunikationscontrolling in Verbindung mit Zielgrößen des Marktwertes, Wiesbaden.

Plauschinat, O./Bollenbach, A./Pitzschel, O. (2009): Evaluation der Presse- und Medienarbeit, in: Communicationcontrolling.de Dossier Nr. 3, hrsg. von Mark-Steffen Buchele et al., Leipzig, S. 3–20.

Reinecke, S./Janz, S./Hohenauer, R. (2016): Controlling der Marketing-kommunikation: Zentrale Kennzahlen und ausgewählte Evaluations-verfahren, in: Handbuch Controlling der Kommunikation, hrsg. von Franz-Rudolf Esch et al., 2. überarb. Aufl., Wiesbaden, S. 3–26.

Rolke, L. (2016): Kommunikations-Controlling: Strategiegeleitete Steuerung mittels Wirkungsmanagement, in: Handbuch Controlling der Kommunikation, hrsg. von Franz-Rudolf Esch et al., 2. überarb. Aufl., Wiesbaden, S. 27–52.

Rolke, L./Zerfaß, A. (2010): Wirkungsdimensionen der Kommunikation: Ressourceneinsatz und Wertschöpfung im DPRG/ICV-Bezugsrahmen, in: Wertschöpfung durch Kommunikation – Kommunikations-Controlling in der Unternehmenspraxis, hrsg. von Jörg Pfannenberg und Ansgar Zerfaß, Frankfurt a. M., S. 50–60.

Schmelzer, H. J./Sesselmann, W. (2002): Leistungsmessung in Geschäfts-prozessen, in: Controller Magazin 1/2002, S. 31–34.

Schwarz, J. (2013): Messung und Steuerung der Kommunikations-Effizienz, Wiesbaden.

Storck, C. (2016): Verfahren zur Messung der PR-Wirkung, in: Handbuch Controlling der Kommunikation, hrsg. von Franz-Rudolf Esch et al., 2. überarb. Aufl., Wiesbaden, S. 407–432.

Weber, J./Schäffer, U. (1999): Sicherstellung der Rationalität von Führung als Aufgabe des Controlling?, in: Die Betriebswirtschaft, 59. Jg., S. 731–747.

Weber, J./Schäffer, U. (2022): Einführung in das Controlling, 17. Aufl., Stuttgart.

Weber, K. (2017): Wie können Behörden ihre Kommunikation evaluieren?, in: Jahrbuch der Schweizerischen Verwaltungswissenschaften, Zürich, S. 150–167.

Zerfaß, A./Dühring, L. (2016): Strategische Kommunikation – Zentrale Frage-stellungen aus Sicht der Unternehmenskommunikation, in: Handbuch Strategische Kommunikation, hrsg. von Manfred Bruhn et al., 2. überarb. Aufl., Wiesbaden, S. 49–74.

3

Behördenkommunikation im digitalen Wandel

3.1 Behördenkommunikation als Organisationskommunikation

Das Forschungsfeld ‚Organisationskommunikation' beschäftigt sich innerhalb der Kommunikationswissenschaft mit Kommunikationsprozessen, die primär durch eine Organisation geprägt werden.[1] Für privatwirtschaftliche Betriebe hat sich dafür der Begriff ‚Unternehmenskommunikation' etabliert. Im Gegensatz dazu dient die Bezeichnung ‚Behördenkommunikation' der Beschreibung interner und externer Kommunikationsprozesse, die von Behörden ausgehen.[2] Unter einer Behörde ist gemäß § 1 Abs. 4 des Verwaltungsverfahrensgesetzes (VwVfG) des Bundes (bzw. gemäß den entsprechenden Vorschriften der Bundesländer) eine organisatorisch selbständige Stelle zu verstehen, die eine öffentlich-rechtliche Verwaltungstätigkeit ausübt.[3]

---

[1] Vgl. Theis-Berglmair (2003, S. 565 ff.).
[2] Vgl. Bornschein (2010, S. 47).
[3] Vgl. Bornschein (2010, S. 12).

B. Grain und B. Hirsch, *Controlling digitaler Behördenkommunikation*, https://doi.org/10.1007/978-3-658-42044-4_3

Die Kommunikation von Behörden weist einige Besonderheiten auf, die sie von der Kommunikation durch andere Organisationsarten unterscheiden.[4]

Eines dieser Merkmale ist, dass Behördenkommunikation zur Transparenz staatlicher Aktivitäten beitragen soll und deshalb auch verfassungsrechtlich legitimiert ist.[5] So ist die Kommunikation von Verwaltungsorganisationen gemäß Art. 20 Abs. 3 des Grundgesetzes (GG) an Recht und Gesetz gebunden. Im Jahr 1977 wurde in einem Urteil des Bundesverfassungsgerichts darüber hinaus festgelegt, dass Bürgerinnen und Bürger so umfassend durch Behörden zu informieren sind, dass ihnen eine politische Willensbildung ermöglicht wird.[6] Diese Zielsetzung wurde verbunden mit der Anforderung, die Teilhabe an demokratischen Prozessen zu ermöglichen, die Folgen politischer Entscheidungen zu vermitteln und das Vertrauen in staatliche Institutionen zu fördern.[7]

Eine weitere Besonderheit von Behörden ist, dass sie – im Unterschied zu privatwirtschaftlichen Unternehmen – keine Gewinnerzielungsabsicht verfolgen, aber dennoch die Wirtschaftlichkeit ihres Handelns beachten sollen.[8] Daher ist ein möglichst sparsamer Einsatz von Ressourcen und eine Maximierung der angestrebten Zielerreichung auch ein Kennzeichen von Verwaltungen.[9] Diese Anforderung lässt sich zugleich auf Maßnahmen der Kommunikation übertragen. Durch die Ausrichtung ihres Handelns an den Leistungskriterien Effizienz (Wirtschaftlichkeit einer Kommunikationsmaßnahme) und Effektivität (Wirksamkeit einer Kommunikationsmaßnahme) gewährleisten Behörden auch den wirtschaftlichen Einsatz von Steuergeldern und stellen eine Verbindung zur Idee des ‚New Public Managements‘ her.[10]

---

[4]Vgl. Weber (2017, S. 151).
[5]Vgl. Eggers (2020, S. 71).
[6]Vgl. Bornschein (2010, S. 88).
[7]Vgl. Weber (2017, S. 151).
[8]Vgl. Hirsch et al. (2018, S. 6 f.).
[9]Vgl. Rolke (2016, S. 33).
[10]Vgl. Hirsch et al. (2018, S. 11).

Das ‚New Public Management' beschreibt auf ökonomischen Überlegungen basierende Reformmaßnahmen, die auf den Um- und Neubau
des öffentlichen Sektors abzielen.[11] Folglich ist es nach dem Konzept
des ‚New Public Managements' nicht nur für Unternehmen aus der
Privatwirtschaft, sondern auch für Behörden von Bedeutung zu wissen,
ob ihre Kommunikation die gewünschten Wirkungen erzielt.[12]

3.2 Entwicklung und Definition digitaler Behördenkommunikation

Im technischen Wortsinn ist mit dem Begriff ‚Digitalisierung' das Über-
führen analoger Daten in ein System mit wenigen Wertezuständen
gemeint, zum Beispiel in Bezug auf das in der Computertechnik verwendete Binärsystem, das nur zwei verschiedene Werte benutzt.[13] Von
digitaler Kommunikation spricht man seit den 1950er Jahren, als erste
computergestützte Medien entwickelt wurden. Bereits in den 1960er
Jahren wurden die technologischen Voraussetzungen für den Datenaustausch zwischen vernetzten Computern geschaffen, aber erst in den
1990er Jahren war eine Anwendung dieser Technik auch für Privat-
personen in Form des Internets möglich. Ab Anfang der 2000er Jahre
entwickelte sich das Internet zu einer zentralen Kommunikationsplatt-
form und auch Verwaltungsbetriebe begannen, diese Technologie für
den Informationsaustausch zu nutzen.[14]
    Aufgrund der neuen digitalen Kommunikationsformen kam es in
der Kommunikationswissenschaft zu einem Paradigmenwechsel.[15] So
ebneten die digitalen Kommunikationsmöglichkeiten die ursprünglich in der Kommunikationswissenschaft vorherrschende Trennung von

---

[11] Vgl. Schröter (2019, S. 115 f.).
[12] Vgl. Schröter (2019, S. 125).
[13] Vgl. Heuermann et al. (2018, S. 9).
[14] Vgl. Heuermann et al. (2018, S. 10).
[15] Vgl. Pürer (2014, S. 101).

Individual- und Massenkommunikation sukzessive ein.[16] Mittlerweile umfasst die digitale Kommunikation „alle Formen der interpersonalen, gruppenbezogenen und öffentlichen Kommunikation, die offline oder online über Computer oder digitale Endgeräte erfolgen."[17]

Auch in der Organisationskommunikation wurde diese Entwicklung spürbar. Kommunikationsmittel, welche vormals ausschließlich für Massenkommunikation Verwendung fanden, wurden zunehmend auch in Organisationen eingesetzt.[18] Ein aktuelles Anwendungsbeispiel hierfür sind organisationseigene Intranetseiten, die der Funktionsweise von sozialen Netzwerken entsprechen. Digitale Kommunikationsprozesse können dadurch mittlerweile auch sämtliche Behördenbereiche durchdringen: Mit ihrer Hilfe können, unabhängig vom konkreten Automatisierungsgrad einzelner Arbeitsabläufe, elektronische Daten in allen internen und externen Kommunikationsbereichen verarbeitet werden.[19]

Betroffen von dieser Entwicklung sind alle Ebenen der Behördenkommunikation: Die Mikro-, die Meso- und die Makroebene.[20]Auf der Mikroebene steht die Kommunikation zwischen einzelnen Mitgliedern einer Behörde im Vordergrund (zum Beispiel mittels des behördeneigenen Intranets oder einer Mitarbeiter-App). Die Mesoebene beinhaltet die Kommunikation zwischen Behörden (zum Beispiel durch ein organisationsübergreifendes elektronisches Aktenmanagement) und die Makroebene bezieht sich schließlich auf Kommunikationsprozesse zwischen einer Behörde und der Gesamtgesellschaft (zum Beispiel in Form digitaler Bürgerportale oder einer Behördenpräsenz in sozialen Netzwerken).[21]

Digitale Behördenkommunikation ist somit nicht automatisch ausschließlich mit behördlicher Presse- und Öffentlichkeitsarbeit oder Bürgerkommunikation gleichzusetzen, sondern bezieht sich auch auf

---

[16]Vgl. Pürer (2014, S. 97).
[17]Pürer (2014, S. 88).
[18]Vgl. Theis-Berglmair (2003, S. 569).
[19]Vgl. Brüggemeier (2019, S. 582).
[20]Vgl. Theis-Berglmair (2003, S. 565 f.).
[21]Vgl. Theis-Berglmair (2003, S. 565 f.).

die Kommunikation mit Anspruchsgruppen innerhalb des Verwaltungsapparats.[22] Problematisch in diesem Zusammenhang ist allerdings der unterschiedliche Umsetzungsstand der digitalisierten Kommunikation in den einzelnen Verwaltungen. Obwohl digitale Kommunikationsprozesse zahlreiche Erleichterungen nicht nur für Bürgerinnen und Bürger, sondern auch für Akteure innerhalb einer Verwaltung mit sich bringen,[23] gibt es kaum einheitliche und verbindliche Regelungen für ein verfügbares digitales Kommunikationsangebot von Behörden.[24]

Aus Sicht der Autoren dieses Buches lassen sich zwei Gründe identifizieren, die dazu führen, dass staatliche Institutionen auf Bundes-, Landes- und kommunaler Ebene die Digitalisierung ihrer Kommunikationsleistungen in einem unterschiedlichen Umfang vorantreiben. Zum einen könnte dies an den mannigfaltigen und uneinheitlich geregelten politischen und gesetzlichen Vorgaben liegen, welche die öffentliche Verwaltung bei der Umsetzung von digitalen Kommunikationsprozessen zu berücksichtigen hat. Andererseits haben Behörden einen eigenen Ermessens- und Gestaltungsspielraum, die Digitalisierung ihrer Kommunikation voranzutreiben, um auf gesellschaftliche Entwicklungen bei der Mediennutzung einzugehen, beispielsweise indem sie sich dazu entscheiden, eine eigene Präsenz in den sozialen Netzwerken aufzubauen. Diese beiden Aspekte werden in den folgenden Abschnitten beschrieben.

3.3 Digitale Behördenkommunikation als gesetzlicher Auftrag

Wie im vorangegangenen Abschnitt erläutert wurde, war bereits ab den 1950er Jahren eine automatisierte Datenverarbeitung (ADV) technisch möglich, aus der sich später die elektronische Datenverarbeitung

---

[22] Vgl. Kocks et al. (2020, S. 2).
[23] Vgl. Schulz (2019a, S. 160).
[24] Vgl. Lühr (2020, S. 409).

(EDV) bzw. Informationstechnologie (IT) entwickelte.[25] Da diese Technik ab den 1960er Jahren auch in Behörden Verwendung fand, erkannte man von politischer Seite die Notwendigkeit, die Möglichkeiten der Datenverarbeitung koordiniert zu nutzen. Dafür wurde 1970 der ‚Kooperationsausschuss von Bund und Ländern für automatisierte Datenverarbeitung‘ (KoopA ADV) gegründet.[26] Doch weder dieser Ausschuss noch andere Gremien konnten in den darauffolgenden Jahren rechtsverbindliche Prozesse für die Verwaltungen festlegen, um die elektronische Behördenkommunikation einheitlich voranzutreiben.[27] Noch im Jahr 2002 musste die auf Staatssekretärsebene aus Bund und Ländern gegründete Arbeitsgruppe ‚Deutschland Online‘ darauf vertrauen, dass die im Konsens entwickelten Beschlüsse zum Thema ‚Electronic Government‘ (E-Government) freiwillig von Behörden auf unterschiedlichen Ebenen umgesetzt wurden. Zumindest fand aufgrund der Bestrebungen dieser Arbeitsgruppe der Begriff ‚E-Government‘ Einzug in die politische Agenda: Als ‚E-Government‘ werden neue Formen der öffentlichen Leistungserbringung und Bürgerbeteiligung auf Basis computervermittelter Prozesse bezeichnet.[28] Dabei ist E-Government nicht auf die elektronische Bürgerkommunikation begrenzt, sondern bezieht sich auf das Verwaltungshandeln insgesamt.[29]

Ein wichtiger Baustein für die Weiterentwicklung des E-Governments in Deutschland war eine Änderung des Verwaltungsverfahrensgesetzes (VwVfG) im Jahr 2003: Durch die Einführung des § 3a VwVfG des Bundes und seiner landesrechtlichen Entsprechungen wurden die Voraussetzungen für die Abbildung elektronischer Kommunikation auch im Verwaltungsverfahrensrecht, also zum Beispiel für die Durchführung von Verwaltungsakten, ermöglicht.[30] Ab dem

---

[25] Vgl. Lühr (2020, S. 407 ff.).
[26] Vgl. Lühr (2020, S. 407 ff.).
[27] Vgl. Lühr (2020, S. 407 ff.).
[28] Vgl. Schuppan (2019, S. 537).
[29] Vgl. Schuppan (2019, S. 542).
[30] Vgl. Schulz (2019a, S. 160).

Jahr 2006 nahm sich eine ‚Kommission zur Modernisierung der Bund-Länder-Finanzbeziehungen' ebenfalls dem Thema ‚E-Government' an. Auf Basis der Arbeit dieser Kommission fanden umfassende verfassungsrechtliche Veränderungen statt und schließlich wurde 2009 der Art. 91c neu in das Grundgesetz (GG) aufgenommen.[31] Durch den Art. 91c GG wurde ein verbindlicher Rahmen für verwaltungsübergreifende IT-Kooperationen und damit die Möglichkeit geschaffen, die dafür notwendige Gremienstruktur zu errichten.[32] Daraufhin haben Bund und Länder einen Staatsvertrag über die Errichtung eines IT-Planungsrats und über die Grundlagen der Zusammenarbeit beim Einsatz der Informationstechnologie in den Verwaltungen geschlossen, der im Frühjahr 2010 in Kraft getreten ist.[33]

Im gleichen Jahr beschloss der IT-Planungsrat eine ‚Nationale E-Government-Strategie', die 2013 mit der Einführung des E-Government-Gesetzes des Bundes (EGovG) den digitalen Wandel der Behördenkommunikation ein weiteres Stück voranbrachte.[34] Dieses Gesetz kann als Impuls für die Länder bezeichnet werden, die auf dieser Grundlage eigene E-Government-Gesetze erlassen konnten.[35] So trat beispielsweise im Jahr 2015 das ‚Gesetz über die elektronische Verwaltung in Bayern' (BayEGovG) in Kraft, welches in Art. 2 allen Bürgerinnen und Bürgern das Recht einräumt, elektronisch über das Internet mit den Behörden zu kommunizieren, ihre Dienste in Anspruch zu nehmen[36] und Verwaltungsverfahren elektronisch abzuwickeln, „soweit dies wirtschaftlich und zweckmäßig ist" (Art. 6 Abs. 1 BayEGovG).[37]

---

[31] Vgl. Lühr (2020, S. 407 ff.).
[32] Vgl. Schulz (2019a, S. 160).
[33] Vgl. Lühr (2020, S. 406 ff.).
[34] Vgl. Lühr (2020, S. 412).
[35] Vgl. Schulz (2019a, S. 169 f.).
[36] Vgl. Schulz (2019a, S. 178).
[37] Schulz (2019a, S. 180).

Weitere umfassende gesetzliche Änderungen in Bezug auf die digitale Behördenverwaltung und -kommunikation fanden im Jahr 2017 durch die Ergänzung des Abs. 5 in Art. 91c GG statt. Dieser legt fest, dass der übergreifende informationstechnische Zugang zu den Verwaltungsleistungen von Bund und Ländern durch Bundesgesetzgebung mit Zustimmung des Bundesrats geregelt wird.[38] Damit stellte der neue Abs. 5 des Art. 91c GG die verfassungsrechtliche Grundlage für die Einführung des sogenannten ‚Onlinezugangsgesetzes' (OZG) dar.[39] Dieses ‚Gesetz zur Verbesserung des Onlinezugangs zu Verwaltungsleistungen' aus dem Jahr 2017 verpflichtet Bund, Länder und letztendlich auch die Kommunen, bis Ende 2022 geeignete Verwaltungsleistungen auch digital anzubieten und in einem übergreifenden Portalverbund nutzbar machen.[40] Dadurch sollen einheitliche digitale Zugangsmöglichkeiten zu Verwaltungsleistungen und eine von Bürgerinnen und Bürgern und staatlichen Verwaltungen gemeinsam nutzbare digitale Infrastruktur aufgebaut werden.[41] Betroffen von dieser Verpflichtung sind zirka 575 Verwaltungsleistungen, die als Online-Angebot zur Verfügung stehen sollen.[42]

Obwohl sich das OZG vor allem auf die Schnittstelle zwischen Behörden und den Bürgerinnen und Bürgern bezog, ist davon auszugehen, dass auch weitere digitale Kommunikationsprozesse in den Verwaltungsbetrieben durch das Gesetz vorangetrieben werden: Auch dann, wenn es keine konkrete Rechtspflicht gibt, könnte ein faktischer Zwang zur weiteren Digitalisierung behördlicher Prozesse entstehen, um durch vollständig digitalisierte Workflows die angestrebten Effizienz- und Effektivitätssteigerungen für die Verwaltung zu ermöglichen.[43]

---

[38] Vgl. Lühr (2020, S. 409).
[39] Vgl. Schulz (2019a, S. 163 f.).
[40] Vgl. Brüggemeier (2019, S. 585).
[41] Vgl. Schuppan (2019, S. 543).
[42] Vgl. Lühr (2020, S. 412).
[43] Vgl. Schulz (2019a, S. 178).

3.4 Digitale Behördenkommunikation als Reaktion auf gesellschaftliche Entwicklungen

In den bisherigen Ausführungen dieses Kapitels wurde dargestellt, welche rechtlichen Rahmenbedingungen geschaffen wurden, um Behörden dazu zu veranlassen, ihre Kommunikationsprozesse zu digitalisieren. Durch die gesetzgeberischen Initiativen der letzten Jahre wurden Entwicklungen, die durch die zunehmende Verbreitung digitaler Informations- und Kommunikationstechnik im Alltag der Bevölkerung und den daraus resultierenden Erwartungen der Bürgerinnen und Bürger ausgelöst wurden, zumindest teilweise auch verfassungsrechtlich abgebildet.[44]

Bereits im Jahr 2002 hatte das Bundesverfassungsgericht in einem Urteil festgestellt, dass die Art und Weise der öffentlichen Kommunikation erheblichen Veränderungen unterliegt, denen auch der Staat gerecht werden müsse.[45] Inzwischen sind zahlreiche Verwaltungen mittlerweile sogar bereit, über die gesetzlichen Vorgaben hinaus digitale Kommunikationsprozesse aus eigenem Antrieb einzuführen, indem sie beispielsweise Apps für Bürgerinnen und Bürger entwickeln und anbieten oder in den sozialen Netzwerken aktiv sind. Dies sind Anzeichen für eine Veränderung der Verwaltungskultur hin zum Konzept des ‚Open Governments'.[46] Dieses Konzept beschreibt ein neues Verwaltungsverständnis hin zur Bereitschaft, digitale Kommunikationswege anzubieten und zu nutzen. Dieses Verständnis hat sich durch die rasante Verbreitung des Internets, der sozialen Netzwerke und weiterer digitaler Kommunikationsmittel entwickelt.[47] Durch diese technischen Fortschritte und die zunehmende Nutzung moderner Kommunikationsmedien durch die Bürgerinnen

---

[44] Vgl. Schulz (2019a, S. 164 f.).
[45] Vgl. Dunckel (2020, S. 70 f.).
[46] Vgl. Schulz (2019b, S. 599).
[47] Vgl. Wewer (2019, S. 548).

und Bürger haben sich deren Erwartungen an die Verwaltungskommunikation, aber auch darüber hinaus, verändert.[48] So werden
ein hohes Maß an Transparenz staatlichen Handelns, die Möglichkeit zur Partizipation der Bevölkerung bei Entscheidungen staatlicher
Institutionen sowie die Responsivität der Kommunikation als wichtige
Komponenten eines ‚Open Governments‘ betrachtet.[49] Wenn staatliche Institutionen, wie in den vorangegangenen Abschnitten bereits
beschrieben, Bürgerinnen und Bürger so informieren sollen, dass ihnen
eine politische Willensbildung und eine Teilhabe an demokratischen
Prozessen möglich ist, muss sich die Behördenkommunikation an
den Informationsinteressen ihrer Rezipienten orientieren – bezogen
sowohl auf die Kommunikationsinhalte als auch auf die Form der
Kommunikationsvermittlung.[50]

Die Zielsetzung des ‚Open Governments‘ besteht daher darin, dass
eine Verwaltung die gleichen Kommunikationskanäle bedienen sollte
wie ihre Anspruchsgruppen.[51] Anders als beispielsweise das bereits
erwähnte ‚E-Government‘, das darauf abzielt, bestimmte Aspekte des
Verwaltungshandelns elektronisch abzubilden, beschreibt das ‚Open
Government‘-Prinzip einen Kulturwandel in der Kommunikation
zwischen Behörden und Bürgerinnen und Bürgern, zu dem beispielsweise auch der freie Zugang zu staatlichen Informationen (‚Open
Data‘) und die Berücksichtigung der kommunikativen Bedürfnisse der
Bevölkerung gehören.[52]

In diesem Kontext stellt sich die Frage, auf welcher Basis dieser
Wandel der klassischen Behördenkultur zu einer auf Transparenz und
Teilhabe ausgerichteten Open Government-Kultur erfolgen soll und
wie die neuen Anforderungen an eine digitale Behördenkommunikation
erfüllt werden können.[53] Um diese Frage konkret beantworten zu

---

[48] Vgl. Kocks et al. (2020, S. 1 f.).
[49] Vgl. Wewer (2019, S. 548).
[50] Vgl. Szyszka (2020, S. 27).
[51] Vgl. Schulz (2019b, S. 593 f.).
[52] Vgl. Wewer (2019, S. 548 ff.).
[53] Vgl. Schuppan (2019, S. 545).

können, müssten sich Behörden zunächst ein genaues Bild über die gesellschaftlichen Veränderungen und die Erwartungen ihrer Zielgruppen in Bezug auf das veränderte Mediennutzungsverhalten der Bürgerinnen und Bürger machen können.

In der Kommunikationswissenschaft befasst sich die sogenannte Rezipientenforschung mit den Erwartungen und Handlungen von Kommunikationsempfängern. Sie lässt sich in die Bereiche ‚Mediaforschung‘ (quantitative Mediennutzung), ‚Rezeptionsforschung‘ (Motive und Gewohnheiten der Mediennutzung) und ‚Medienwirkungsforschung‘ (individuelle und gesellschaftliche Folgen der Mediennutzung) unterteilen.[54] Einschlägige Studienergebnisse können auch von Behörden genutzt werden.

Um das Mediennutzungsverhalten der Bevölkerung empirisch zu untersuchen, haben sich intermediär vergleichende Mediennutzungsstudien etabliert, darunter zum Beispiel die ‚Langzeitstudie Massenkommunikation‘, die seit 1964 regelmäßig im Auftrag der öffentlich-rechtlichen Rundfunkanstalten Deutschlands durchgeführt wird.[55] Ziel der Studie ist es, die Entwicklung der Mediennutzung und den damit verbundenen gesellschaftlichen Wandel in Deutschland zu beschreiben. So ist beispielsweise, laut den Ergebnissen dieser Studie, seit dem Jahr 2010 das Internet das meistgenutzte und aus Sicht der Befragten auch das unverzichtbarste Informations- und Kommunikationsmedium der deutschen Bevölkerung.[56]

Eine weitere wichtige Informationsquelle, um Erkenntnisse über das Mediennutzungsverhalten bestimmter Anspruchsgruppen zu gewinnen, ist die ARD/ZDF-Onlinestudie. Diese Studie ermittelt seit 1997 als Langzeituntersuchung, welchen Stellenwert die einzelnen Mediengattungen für die Bevölkerung haben und für welche Dienste und Inhalte das Internet genutzt wird.[57] Laut den Ergebnissen der ARD/ZDF-Onlinestudie nutzten im Jahr 2021 mittlerweile 94 % der

---

[54] Vgl. Pürer (2014, S. 324).
[55] Vgl. Pürer (2014, S. 345 f.).
[56] Vgl. Pürer (2014, S. 345 f.).
[57] Vgl. Pürer (2014, S. 340).

deutschen Bevölkerung regelmäßig das Internet. Des Weiteren konnte festgestellt werden, dass sich innerhalb der verschiedenen Mediengattungen der langjährige Trend der Verlagerung von Offline- zu Online-Mediennutzung und von linearen zu zeitsouverän nutzbaren Inhalten fortgesetzt hat.[58]

Zu den veränderten Mediennutzungsgewohnheiten der Bevölkerung kommen gestiegene Ansprüche an eine aktive, transparente und verständliche Behördenkommunikation bei gleichzeitig abnehmendem Interesse an öffentlichen Angelegenheiten.[59] Aus diesen Erkenntnissen lässt sich ableiten, dass die Nutzung digitaler Kommunikationskanäle heutzutage fest zu den kommunikativen Erwartungen der Bürgerinnen und Bürger an die Akteure des politisch-administrativen Systems gehört.[60] Zahlreiche Behörden haben diese Entwicklung erkannt und reagieren im Sinne des ‚Open Governments' darauf, indem sie auch ohne gesetzliche Verpflichtung aktiv mit der Öffentlichkeit digital kommunizieren.[61] Sie zeigen damit, dass sie im Rahmen ihres staatlichen Handelns die aktuellen Kommunikationsbedürfnisse der Bevölkerung berücksichtigen.[62]

3.5 Veränderung von Kommunikationsbeziehungen durch digitale Behördenkommunikation

In den vorangegangenen Abschnitten wurde erläutert, wie der technische Fortschritt Behörden neue Möglichkeiten bietet, mit den Bürgerinnen und Bürgern zu kommunizieren und dadurch moderne Wege der Information und der Partizipation geschaffen werden.[63]

---

[58] Vgl. Kupferschmitt und Müller (2021, S. 394 f.).
[59] Vgl. Weber (2017, S. 152).
[60] Vgl. Kocks et al. (2020, S. 1 f.).
[61] Vgl. Kocks et al. (2020, S. 5).
[62] Vgl. Szyszka (2020, S. 27).
[63] Vgl. Stücheli-Herlach et al. (2012, S. 131).

Behördliche Kommunikatoren können aufgrund des technologisch induzierten Medienwandels auf zahlreiche neue Kommunikationsmittel und -kanäle zurückgreifen, um mit ihren Anspruchsgruppen direkt und responsiv zu interagieren. Das betrifft, wie bereits beschrieben, alle Ebenen der internen und externen Kommunikation der öffentlichen Verwaltung.[64] Eine solche digitale Kommunikation stellt staatliche Organisationen allerdings vor die Herausforderung, auch zunehmend Formen ungesteuerter und ungerichteter Kommunikation zuzulassen, die es bislang im Rahmen der klassischen unidirektionalen Sender-Empfänger-Kommunikation noch nicht gab.[65]

Kommunikation besteht aus einer kommunikationstheoretischen Sicht aus mehreren Elementen. Vereinfacht dargestellt gehören dazu ein Sender (Kommunikator), ein Kommunikationsinhalt (Aussage, Mitteilung, Botschaft), ein Kanal, über den der kommunizierte Inhalt übermittelt wird (Medium) sowie ein Empfänger (Rezipient).[66] Die digitale Kommunikation erlaubt der öffentlichen Verwaltung bislang ungekannte Formen des Informationstransfers und neue Verbindungen zwischen Sender und Empfänger mit veränderten lateralen und vertikalen Kommunikationsflüssen.[67] So ermöglicht sie durch das Verschmelzen von Telekommunikation, Computerisierung und elektronischen Massenmedien neue Kommunikationsformen, wie beispielsweise die Kommunikation über soziale Netzwerke.[68] Moderne Kommunikationsansätze betonen in diesem Zusammenhang insbesondere die dazugewonnene Wechselseitigkeit und Responsivität der Kommunikation zwischen dem (ursprünglichen) Sender und dem (ursprünglichen) Empfänger.[69]

Als Folge daraus entwickeln sich für die öffentliche Verwaltung verschiedene Richtungen ihrer digitalen Kommunikationsabläufe: Die

---

[64] Vgl. Kocks et al. (2020, S. 2 f.).
[65] Vgl. Theis-Berglmair (2003, S. 573).
[66] Vgl. Pürer (2014, S. 65).
[67] Vgl. Theis-Berglmair (2003, S. 573).
[68] Vgl. Pürer (2014, S. 64).
[69] Vgl. Hill (2020, S. 89).

VERÄNDERTE KOMMUNIKATIONSBEZIEHUNGEN DURCH DIGITALE KOMMUNIKATION

Abb. 3.1 Veränderte Kommunikationsbeziehungen durch digitale Kommunikation. (Eigene Darstellung in Anlehnung an Meyer 2019, S. 21)

Abwärtskommunikation ('Top Down') wird als Kommunikationskaskade von der Institution selbst gesteuert; die Aufwärtskommunikation ('Bottom Up') geht dagegen vom Rezipienten aus.[70] Hinzu kommt, dass sich Menschen aufgrund der neuen Informations- und Kommunikationstechnologien auch mit Dingen vernetzen können, zum Beispiel mit intelligenten Voice Assistants.[71] Daraus sind neue Formen von Kommunikationsbeziehungen und Vernetzungen zwischen den jeweiligen Sendern und Empfängern entstanden. Diese sind in Abb. 3.1 beispielhaft anhand verschiedener digitaler Medienkanäle dargestellt.[72] So ist über digitale Kommunikationsmöglichkeiten nicht mehr nur eine *one-to-one*-Kommunikation zwischen Behörden und den Bürgerinnen und Bürgern möglich, sondern die neue Technologie erlaubt verschiedenste neue Sender-Empfänger-Beziehungen. Während sich *one-to-one*-Kommunikation im Digitalbereich beispielsweise auf die direkte

---

[70] Vgl. Theis-Berglmair (2003, S. 565 f.).
[71] Vgl. Stieglitz und Wiencierz (2022, S. 290).
[72] Vgl. Meyer (2019, S. 21).

Bürgerkommunikation mittels eines Chatbots oder einer persönlichen Online-Sprechstunde mit Verwaltungsangestellten bezieht, können durch neue digitale Möglichkeiten auch Kommunikationsbeziehungen in Form einer *one-to-many-*, *many-to-one-* sowie *many-to-many-*Kommunikation erfolgen. Beispiele für digitale *one-to-many-*Kommunikationskanäle wären Behördennewsletter oder Online-Portale für Bürgerinnen und Bürger. Mit *one-to-many-*Angeboten erreicht eine Behörde gleichzeitig zahlreiche Empfänger. Im Gegensatz dazu gehen bei der *many-to-one-*Kommunikation unterschiedliche Sender mit ihrer Information auf nur einen Empfänger zu. Im behördlichen Bereich wäre dies beispielsweise eine Online-Petition, die von Bürgerinnen und Bürgern an eine staatliche Institution gerichtet werden kann. Wenn zahlreiche Sender mit zahlreichen Empfängern gleichzeitig kommunizieren können, spricht man von der *many-to-many-*Kommunikation. Hierzu gehören zum Beispiel die Social-Media-Präsenzen der öffentlichen Verwaltung, aber auch der Austausch zwischen der Führungsebene und den Kommunikationsverantwortlichen mit der Behördenbelegschaft über die Einrichtung eines Social Intranets.

3.6   Blick in die Praxis: Verknüpfung von Kommunikationsstrategie und Kommunikationscontrolling am Beispiel des Bundesverwaltungsamts

Von Daniela Bröker, Leiterin des Stabs Zentrales Controlling, Multiprojektmanagement und Veränderungsmanagement im Bundesverwaltungsamt.

In den vorherigen Abschnitten wurde dargestellt, wie sich das Onlinezugangsgesetz und die digitalen Kommunikationsformate auf die Erwartung der Bevölkerung an eine moderne Verwaltung ausgewirkt haben. Aber nicht nur die Behördenkommunikation nach außen – mit unseren Kunden – ist im Wandel, sondern auch die Behördenkommunikation nach innen – mit den Beschäftigten – verändert sich.

Die interne Behördenkommunikation muss sich auch ändern, da die Beschäftigten der Behörden ebenso Bürger sind und geänderte Mediennutzungsgewohnheiten haben. Im privaten Bereich nutzen sie ebenfalls die Möglichkeiten und die Angebotsvielfalt der digitalen Medien als kommerzielle Shopping-, Buchungs- oder Informations- und Kommunikationsplattformen. Daher haben auch die Beschäftigten die Erwartung, dass sich die interne Behördenkommunikation der zunehmenden Digitalisierung anpasst und neue Kommunikationsformate in den Behörden Einzug halten. Eine solche Erwartung wird im Bundesverwaltungsamt als strategisch relevant betrachtet und spiegelt sich auch in strategischen Überlegungen der Behörde wider.

Das Bundesverwaltungsamt (BVA) ist eine Bundesoberbehörde im Geschäftsbereich des Bundesministeriums des Innern und für Heimat (BMI). Mit rund 6000 Beschäftigten verteilt auf 23 Standorte nimmt das BVA mehr als 150 Aufgaben für Bürgerinnen und Bürger, Behörden, Unternehmen und Vereine wahr. Dies bedeutet, dass ein „Wir im BVA" äußerst vielfältig ist und die Informations- und Kommunikationskultur einen hohen Stellenwert hat und in der Strategie verankert ist.

Die Strategie „BVA 2025" hat den Anspruch, bis im Jahre 2025 die Aufgaben vollständig nachfrageorientiert, zukunftsweisend und nachhaltig zu erledigen. Mit Hilfe einer Balanced Scorecard (BSC) wird die Strategie aus den Perspektiven Mitarbeitende, Innovation, Ressourcen und Kunden betrachtet (*siehe* Abb. 3.2).

Gerade in der Perspektive Mitarbeitende ist eine adressatenorientierte Kommunikation der Dreh- und Angelpunkt, um die Kompetenzen und Potentiale unserer Beschäftigten zu fördern und die Beschäftigten auch zukünftig an das BVA zu binden. Um als Arbeitgeber attraktiv zu bleiben und junge Talente zu gewinnen und zu binden, muss eine Behörde neue Kommunikationswege gehen. Die Gewinnung von Personal ist bereits digital: Personalgewinnungskampagnen laufen über Instagram, Bewerbungen erfolgen ausschließlich online über ein Portal und die Auswahlgespräche erfolgen ebenfalls im virtuellen Raum.

Und was folgt nach der Einstellung? Natürlich haben die neu gewonnen Beschäftigten die Erwartung, dass die Kommunikation,

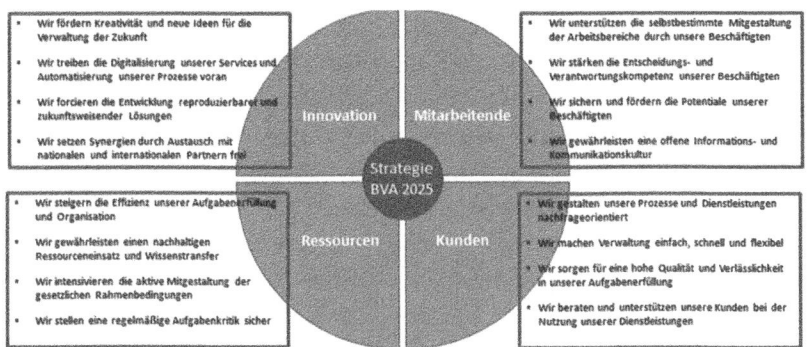

Abb. 3.2 Balanced Scorecard des Bundesverwaltungsamts zur Strategie „BVA 2025"

Informationsbereitstellung oder Wissensvermittlung auch im Tages-geschäft digital erfolgt. Daher gilt es, die Zielsetzungen der Behörden-strategie mit digitalen bzw. interaktiven Kommunikationsformaten zu verknüpften. Der Beitrag der internen Behördenkommunikation zur Erreichung der Zielsetzung wird nachfolgend anhand der BSC-Perspektive Mitarbeitende skizziert.

Zielstellung: Wir sichern und fördern die Potentiale unserer Beschäftigten

Um die Potentiale der Beschäftigten zu sichern und zu fördern, ist ein breit gefächertes Angebot an Fortbildungen erforderlich. Während der Covid-19-Pandemie haben die meisten Anbieter von Seminaren ihre Angebote an Webinaren ausgebaut und die Beschäftigten des BVA konnten ihre Fortbildungen weiterhin – nun virtuell – besuchen. Aber im BVA greifen wir nicht nur auf externe Seminarangebote zurück, sondern haben auch ein Gros an Inhouse-Fortbildungen. Für diese galt es auch neue Formate zu finden, Stichwort eLearning. Und hier war die Pandemie lediglich ein Beschleuniger der Entwicklung. Denn bereits vor der Pandemie hatten wir drängende Beweggründe, die uns veranlasst haben, das eLearning-Portfolio massiv auszubauen. Ein Beweggrund ist die Logistik: Wie schule ich jedes Jahr rund 6000 Beschäftigte an 23 Standorten zum Thema Arbeitsschutz und Informationssicherheit? Auf analogem Wege ist dies jedenfalls nicht durchführbar, ganz zu schweigen von der Wirtschaftlichkeit. Auf digitalem Wege schon. Wichtig bei den beiden Schulungen ist es, die Aufmerksamkeit der Lernenden auf die Inhalte zu ziehen und sie im Gedächtnis zu verankern. Die Lernmodule werden daher in Form eines Storytellings angeboten. Zu Beginn eines jeden Jahres werden die neuen Lernmodule zum Arbeitsschutz und zur Informationssicherheit auf der hauseigenen eLearning-Plattform bereitgestellt und jeder Beschäftigte hat dann die Möglichkeit, bis zum Ende des Jahres die Lernmodule zu bearbeiten. Die einzelnen Teilabschnitte eines Lernmoduls bauen aufeinander auf und werden erst schrittweise freigeschaltet, wenn der Beschäftigte den vorherigen Abschnitt abgeschlossen hat. Das Lernmodul kann zu jedem Zeitpunkt komfortabel unterbrochen und zu einem beliebigen Zeitpunkt fortgesetzt werden. So können die Beschäftigten die Bearbeitung des Lernmoduls der aktuellen Arbeitsauslastung anpassen. Nach Beendigung des letzten Abschnitts wird automatisiert ein Teilnahmezertifikat erstellt und steht zum Download für den Beschäftigten bereit. Im Anschluss an die Bearbeitung des Lernmoduls kann optional auch eine kurze Nutzerbefragung ausgefüllt werden, um Anregungen für die Weiterentwicklung des Lernmoduls zu geben. Darüber hinaus gibt es auch ein freiwilliges Quiz zur Informationssicherheit mit interessanten und lustigen Fragen, um sein Expertenwissen zu testen.

Der Erfolg der digitalen Kommunikationsformate wird auch im digitalen Kommunikationscontrolling gemessen: Da die Schulungen zum Arbeitsschutz und zur Informationssicherheit Pflichtveranstaltungen sind, wird die eLearning-Plattform dahingehend ausgewertet, ob eine Teilnahme erfolgt ist. Und als Beschäftigter kann man auf seiner persönlichen eLearning-Seite mit Hilfe eines Ampelsystems sehen, welche Module bearbeitet wurden.

Aber nicht nur Pflichtschulungen für alle Beschäftigten laufen über die eLearningPlattform, sondern auch spezifische Schulungen, zum Beispiel zur Nutzung von IT-Fachverfahren. Und hier wären wir auch schon bei einem weiteren Beweggrund für den Ausbau von eLearning: der nachhaltige Einsatz von Ressourcen. In der heutigen Zeit kann kein Arbeitgeber mehr den Beschäftigten vermitteln, dass sie vom Standort München zum Standort Köln reisen müssen, um an einer

2- oder 3-stündigen Schulung teilzunehmen. Daher setzt das BVA verstärkt auf den Einsatz von Tutorials; kurze Filme, die zeigen, wie ich eine xRechnung im ERP-System bearbeite oder einen Vorgang in der eAkte anlege. Somit ist für die Beschäftigten ein zeit- und ortsunabhängiges Lernen möglich. Die Beschäftigten können nach eigenem Tempo lernen, auf Wiederholung klicken und das Tutorial dann nutzen, wenn sich eine Fragestellung auftut. Ergänzend werden natürlich auch Online-Seminare angeboten und sogenannte Stammtische, die zu einem regelmäßigen Austausch einladen, um zum Beispiel Tipps und Tricks zur vertiefenden Nutzung der ‚eAkte Bund' anzubieten.

Zielstellung: Wir gewährleisten eine offene Informations- und Kommunikationskultur
Wie bereits erwähnt, ist die Informations- und Kommunikationskultur entscheidend, damit sich die Beschäftigten mit dem BVA identifizieren und sich auch aktiv in die Gestaltung der Aufgaben und Veränderungsprozesse einbringen können.

Rund 1/3 der Beschäftigten im BVA zählen zu den ‚Digital Natives'. Dies impliziert, dass sich auch die Erwartungen hinsichtlich der eingesetzten Informations- und Kommunikationsformate ändert.

Eine wichtige Informationsdrehscheibe im BVA ist das Intranet, welches in der Vergangenheit geprägt war von aktuellen Meldungen im Stil von Pressemitteilungen. Die regelmäßigen Auswertungen der Page Impressions nach Veröffentlichung einer Meldung zeigen aber, dass je nach Thema wenig Interesse an der Information seitens der Beschäftigten gezeigt wird. Stattdessen wird vermehrt auf animierte oder gefilmte Visualisierungen und Videobotschaften gesetzt.

Auch die Behördenleitung wählt zur Ansprache der Beschäftigten das Videoformat. Die jährlichen Weihnachtsgrüße an die Belegschaft kommen per Video und auch Informationen, die einen hohen Wirkungsgrad erzielen, zum Beispiel die einschränkenden Maßnahmen während der Covid-19-Pandemie oder auch der Aufruf zur Teilnahme an einer Beschäftigtenbefragung, werden per Videobotschaft verbreitet.

Bei rund 150 Aufgaben, die das BVA hat, können die Beschäftigten nicht alle Aufgaben kennen. Aber es ist wichtig und gewünscht, mal über den Tellerrand zu schauen und in andere Aufgaben hineinzu-schnuppern. Um dies ihren Kolleginnen und Kollegen zu ermöglichen, bietet zum Beispiel das Team vom Travelmanagement den „Travel Tuesday" an. In einer Videoreihe einmal pro Monat, werden durch animierte oder gefilmte Visualisierungen reiserechtliche Themen oder die Nutzung der Travelmanagement-Software nähergebracht. Zudem geben die Kolleginnen und Kollegen einen Einblick in ihre tägliche Arbeit und lassen sich von der Kamera über die Schultern schauen.

Die wachsende Beliebtheit dieser Art von Adressierung zeigen nicht nur die gemessenen Page Impressions, sondern auch die Messung der Reaktionen. Diese Videos werden öfter kommentiert oder gelikt als herkömmliche Meldungen.

Das Zusammenspiel von Strategie, Kommunikationsformaten und Controlling ist in Abb. 3.3 dargestellt.

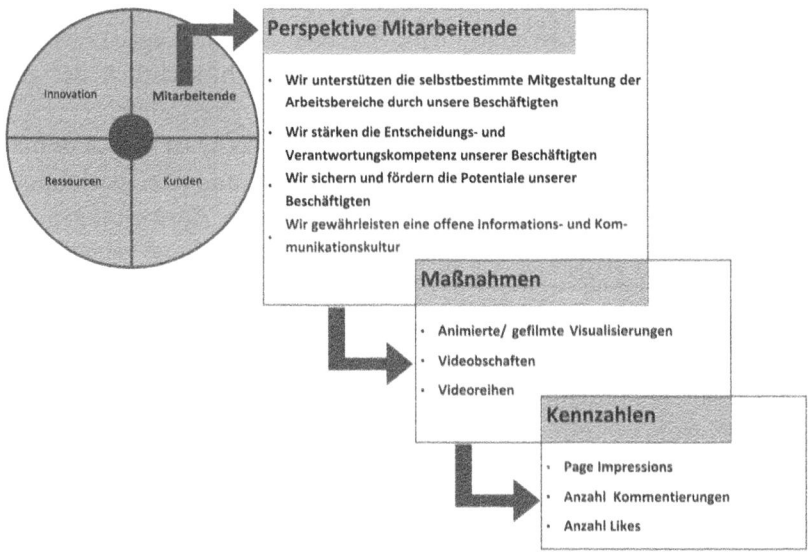

Abb. 3.3 Verknüpfung Strategie, Kommunikationsformate und Controlling im BVA

Zielstellung: Wir unterstützen die selbstbestimmte Mitgestaltung der Arbeitsbereiche durch unsere Beschäftigten

Die Beschäftigten bei der Mitgestaltung der Arbeitsbereiche zu unterstützen, beginnt unmittelbar nach Einstellung mit einem neuen Kommunikationsformat: „U5 im BVA – gemeinsam anfangen. gemeinsam ankommen.". Die Initiative „U5 im BVA" widmet sich der Vernetzung neuer Talente im Haus und unterstützt neue Beschäftigte in ihren ersten fünf Jahren im BVA dabei

- Kontakte zu knüpfen und zu pflegen,
- einen Austausch mit anderen (neuen) Leuten im Haus zu initiieren,
- ganz persönliche Eindrücke und Ideen abzuwerfen und voranzubringen.

Denn gerade die ersten Jahre in einem neuen Arbeitsbereich bringen frische Ideen und ebnen den weiteren Weg in die Digitalisierung der Verwaltung. Unter dem Motto „Coffee, please" steht ein regelmäßiges Zeitfenster zur Verfügung, zu dem sich die Beschäftigten in eine Videokonferenz einwählen können und dort alle treffen, die gerade auch Zeit und Lust haben, sich im Netzwerk auszutauschen.

Ein weiteres neues Format sind sogenannte „BVACamps". Das „BVACamp" ist ein hausinternes Veranstaltungsformat, das BVA-Beschäftigte zusammenbringt, um innerhalb von kurzer Zeit in kleinen, kreativen Gruppen und lockerer Atmosphäre an Aufgabenstellungen zu tüfteln und erste Umsetzungsideen bis hin zu Prototypen zu entwickeln. Die Teilnehmenden sind dazu aufgerufen, in ihren Gruppen bewusst unkonventionell zu arbeiten und kreativen Gedanken freien Lauf zu lassen. Etwas abgewandelt wird das Format auch genutzt, um kollegiale Netzwerke auszubauen und zu fördern. So wurde zum Beispiel ein digitales Treffen mit fast 400 Teilnehmern durchgeführt, um in rund 30 kleinen Sessions eine Vielzahl von Themen etwas genauer unter die Lupe zu nehmen.

**Zielstellung: Wir stärken die Entscheidungs- und Verantwortungs-
kompetenz unserer Beschäftigten**
„BVAConnect" ist ein aktuelles Projekt, das bestehende Intranet durch
eine Plattform abzulösen, die es allen BVA-Beschäftigten erleichtert,
sich hausintern zu informieren, zu vernetzen und auszutauschen. Damit
werden folgende Ziele verfolgt:

- redaktionell gepflegte, verbindliche und verlässliche Informationen
  finden
- individuell zugeschnitten auf die eigenen Interessen und Tätigkeiten
- inhaltliche Schnittmengen mit Kolleginnen und Kollegen identifizieren
- zu Arbeitsgruppen oder Themen-Communities zusammenschließen
- sozial interagieren über Likes, Kommentare, Empfehlungen,
  Themen- und Personenabonnements

Getreu seinem Motto „Bereit neue Wege zu gehen" hat das BVA
begonnen, digitale und interaktive Kommunikationsformate nicht nur
gegenüber seinen Kunden einzuführen. Vielmehr nutzt das BVA die viel-
fältigen Möglichkeiten der Digitalisierung auch in der Interaktion mit den
Beschäftigten. Denn ein digitales Frontend zum Kunden ist nur so gut wie
sein digitales Backend. Und dieses muss sich auch in einer veränderten
Kommunikation niederschlagen. Das Kommunikationscontrolling
hat sich diesen Entwicklungen anzupassen durch die Messung „neuer
Erfolgsmaßnahmen" wie die Messung von Page Impressions oder Likes.

3.7 Was Sie aus diesem Kapitel mitnehmen können

Die Kommunikation von Behörden unterscheidet sich wesentlich
von der Kommunikation anderer Organisationen. So soll Behördenkommunikation zur Transparenz staatlicher Aktivitäten beitragen und sie
verfolgt – im Unterschied zu privatwirtschaftlichen Unternehmen – keine

Gewinnerzielungsabsicht. Aufgrund des technologisch induzierten Medienwandels können Kommunikatoren in Behörden mittlerweile auf zahlreiche neue Kommunikationsmittel und -kanäle zurückgreifen, um mit ihren Anspruchsgruppen direkt und responsiv zu interagieren. Das betrifft alle Ebenen der internen und externen Kommunikation der öffentlichen Verwaltung und stellt staatliche Organisationen vor die Herausforderung, auch zunehmend Formen ungesteuerter und ungerichteter Kommunikation zuzulassen, die es bislang im Rahmen der klassischen unidirektionalen Sender-Empfänger-Kommunikation noch nicht gab.

Aus Sicht der Autoren dieses Buches lassen sich zwei Gründe identifizieren, die dazu führen, dass staatliche Institutionen auf Bundes-, Landes- und kommunaler Ebene die Digitalisierung ihrer Kommunikationsleistungen in einem unterschiedlichen Umfang vorantreiben. Zum einen könnte dies an den mannigfaltigen und uneinheitlich geregelten politischen und gesetzlichen Vorgaben liegen, welche die öffentliche Verwaltung bei der Umsetzung von digitalen Kommunikationsprozessen zu berücksichtigen hat. Andererseits haben Behörden einen eigenen Ermessens- und Gestaltungsspielraum, die Digitalisierung ihrer Kommunikation voranzutreiben, um auf gesellschaftliche Entwicklungen bei der Mediennutzung einzugehen, beispielsweise indem sie sich dazu entscheiden, eine eigene Präsenz in den sozialen Netzwerken aufzubauen.

Da staatliche Institutionen die Bürgerinnen und Bürger so informieren sollen, dass ihnen eine politische Willensbildung und eine Teilhabe an demokratischen Prozessen möglich ist, sollte sich die Behördenkommunikation an den Informationsinteressen ihrer Rezipienten orientieren – bezogen sowohl auf die Kommunikationsinhalte als auch auf die Form der Kommunikationsvermittlung.

Zahlreiche Behörden haben diese Entwicklung erkannt und reagieren im Sinne des ‚Open Governments‘ darauf, indem sie auch ohne gesetzliche Verpflichtung aktiv mit der Öffentlichkeit oder ihren Beschäftigten digital kommunizieren. Sie zeigen damit, dass sie im Rahmen ihres staatlichen Handelns die aktuellen Kommunikationsbedürfnisse der Bevölkerung berücksichtigen.

Literatur

Bornschein, M. (2010): Mediengestützte Behördenkommunikation, Wiesbaden.

Brüggemeier, M. (2019): Digitale Prozesse, in: Handbuch zur Verwaltungsreform, hrsg. von Sylvia Veit et al., 5. überarb. Aufl., Wiesbaden, S. 581–591.

Dunckel, T. (2020): Der rechtliche Rahmen der Verwaltungskommunikation, in: Öffentliche Verwaltung – Verwaltung in der Öffentlichkeit, hrsg. von Klaus Kocks et al., Wiesbaden, S. 57–75.

Eggers, C. (2020): Quick Guide Social-Media-Recht der öffentlichen Verwaltung, Wiesbaden.

Heuermann, R./Engel, A./von Lucke, J. (2018): Digitalisierung: Begriff, Ziele und Steuerung, in: Digitalisierung in Bund, Ländern und Gemeinden, hrsg. von Roland Heuermann et al., Berlin, S. 9–50.

Hill, H. (2020): Moderne Verwaltungskommunikation, in: Verständliche Verwaltungskommunikation in Zeiten der Digitalisierung, hrsg. von Rudolf Fisch et al., Baden-Baden, S. 77–96.

Hirsch, B./Weber, J./Schäfer, F.-S. (2018): Kennzahlen als Mess- und Steuerungsinstrument in Behörden, Berlin.

Kocks, K./Knorre, S./Kocks, J. N. (2020): Verwaltung in der Öffentlichkeit: Zur Bedeutung kommunikativer Problemstellungen in den Zeiten technologisch induzierten Medienwandels, in: Öffentliche Verwaltung – Verwaltung in der Öffentlichkeit, hrsg. von Klaus Kocks et al., Wiesbaden, S. 1–11.

Kupferschmitt, T./Müller, T. (2021): ARD/ZDF-Massenkommunikation Trends 2021: Mediennutzung im Intermediavergleich, in: Media Perspektiven 7–8/2021 (korrigierte Fassung vom 13.09.2021), S. 370–395.

Lühr, H.-H. (2020): IT-Planungsrat, in: Handbuch Digitalisierung in Staat und Verwaltung, hrsg. von Tanja Klenk et al., Wiesbaden, S. 405–416.

Meyer, E. (2019): Zwischen Partizipation und Plattformisierung, Frankfurt/New York.

Pürer, H. (2014): Publizistik- und Kommunikationswissenschaft, 2. überarb. Aufl., Konstanz/München.

Rolke, L. (2016): Kommunikations-Controlling: Strategiegeleitete Steuerung mittels Wirkungsmanagement, in: Handbuch Controlling der Kommunikation, hrsg. von Franz-Rudolf Esch et al., 2. überarb. Aufl., Wiesbaden, S. 27–52.

Schulz, S. E. (2019a): Rechtlicher Rahmen der Digitalisierung und der Online-Dienste, in: Handbuch Digitale Verwaltung, hrsg. von Henning Lühr et al., Wiesbaden, S. 159–184.

Schulz, S. E. (2019b): Social Media: Einsatz in der öffentlichen Verwaltung, in: Handbuch zur Verwaltungsreform, hrsg. von Sylvia Veit et al., 5. überarb. Aufl., Wiesbaden, S. 593–604.

Schröter, E. (2019): New Public Management, in: Handbuch zur Verwaltungsreform, hrsg. von Sylvia Veit et al., 5. überarb. Aufl., Wiesbaden, S. 115–126.

Schuppan, T. (2019): Elektronisches Regieren und Verwalten (E-Government), in: Handbuch zur Verwaltungsreform, hrsg. von Sylvia Veit et al., 5. überarb. Aufl., Wiesbaden, S. 537–546.

Stieglitz, S./Wiencierz, C. (2022): Digitalisierung, Big Data und soziale Medien als Rahmenbedingungen der Unternehmenskommunikation, in: Handbuch Unternehmenskommunikation, hrsg. von Ansgar Zerfaß et al., 3. überarb. Aufl., Wiesbaden, S. 289–309.

Stücheli-Herlach, P. et al. (2012): Welche Online-Demokratie brauchen wir?, in: Jahrbuch der Schweizerischen Verwaltungswissenschaften, Zürich, S. 123–140.

Szyszka, P. (2020): Die Krux öffentlicher Verwaltungskommunikation – Public Relations in der öffentlichen Verwaltung, in: Öffentliche Verwaltung – Verwaltung in der Öffentlichkeit, hrsg. von Klaus Kocks et al., Wiesbaden, S. 13–37.

Theis-Berglmair, A. (2003): Organisationskommunikation, in: Öffentliche Kommunikation, hrsg. von Günter Bentele et al., Wiesbaden, S. 565–575.

Weber, K. (2017): Wie können Behörden ihre Kommunikation evaluieren?, in: Jahrbuch der Schweizerischen Verwaltungswissenschaften, Zürich, S. 150–167.

Wewer, G. (2019): Offeneres Regieren und Verwalten (Open Government), in: Handbuch zur Verwaltungsreform, hrsg. von Sylvia Veit et al., 5. überarb. Aufl., Wiesbaden, S. 547–557.

4

Leistungsmessung digitalisierter Behördenkommunikation

4.1 Strategisches Management von Kommunikationsprozessen

Das strategische Management kann dazu beitragen, eine erfolgreiche Entwicklung von Verwaltungen durch einen permanent stattfindenden dynamischen Anpassungsprozess langfristig sicherzustellen.[1] Seit Anfang der 2000er Jahre gibt es im deutschsprachigen Raum Ansätze zur Einführung eines strategischen Managements in öffentlichen Institutionen.[2]

Dieses sollte die Handlungsfähigkeit von Behörden in Bezug auf sich verändernde interne und externe Rahmenbedingungen verbessern und auch die Erwartungshaltung relevanter Anspruchsgruppen, zum Beispiel von Bürgerinnen und Bürgern, stärker berücksichtigen.[3]

---

[1] Vgl. Siegel (2019, S. 333 ff.).
[2] Vgl. Siegel (2019, S. 333 ff.).
[3] Vgl. Siegel (2019, S. 333 ff.).

B. Grain und B. Hirsch, *Controlling digitaler Behördenkommunikation*, https://doi.org/10.1007/978-3-658-42044-4_4

Ein Verwaltungshandeln kann allgemein als erfolgreich bezeichnet werden, wenn folgende Dimensionen Berücksichtigung finden:

- die Stärkung der Akzeptanz und Transparenz des Verwaltungshandelns (Legitimität),
- die Beachtung von Wirtschaftlichkeit (Effizienz) und Wirksamkeit (Effektivität) im Handeln von Verwaltungen,
- die Einhaltung fachlicher Standards (Professionalität) und
- die Sicherstellung der Rechtmäßigkeit des Verwaltungshandelns (Legalität).[4]

Den Kern des strategischen Managements stellen die individuell festzulegenden Strategien einer Institution zur bestmöglichen Erfüllung ihres Auftrags dar, wobei zwischen der Gesamtstrategie einer Organisation und funktionalen Teilstrategien für einzelne Aufgabenbereiche unterschieden werden muss.[5]

Das strategische Management von Kommunikationsprozessen zählt zu diesen funktionalen Strategien. Dabei besteht die Herausforderung, externe und interne Kommunikationsprozesse einer Behörde gemäß ihren spezifischen Bedürfnissen auszugestalten und einen maßgeschneiderten Ansatz für das Management von Kommunikationsprozessen zu entwickeln.[6]

Sowohl die interne als auch die externe Kommunikation einer Organisation kann als Management- oder Führungsprozess interpretiert werden, da sie einen wesentlichen Beitrag zur Erreichung strategischer und operativer Ziele der Organisation leisten.[7] Ein derzeit wichtiger Aspekt für die strategische Steuerung von Behörden ist insbesondere die anvisierte Neuausrichtung auf den Megatrend ‚Digitaler Wandel‘. Dies gilt auch für Kommunikationsprozesse.[8]

---

[4] Vgl. Siegel (2019, S. 335).
[5] Vgl. Siegel (2019, S. 335).
[6] Vgl. allgemein zum Prozessmanagement Kern et al. (2012, S. 2 ff.).
[7] Vgl. Theis-Berglmair (2003, S. 565).
[8] Vgl. Siegel (2019, S. 343).

KREISLAUFMODELL STRATEGISCHES KOMMUNIKATIONSMANAGEMENT

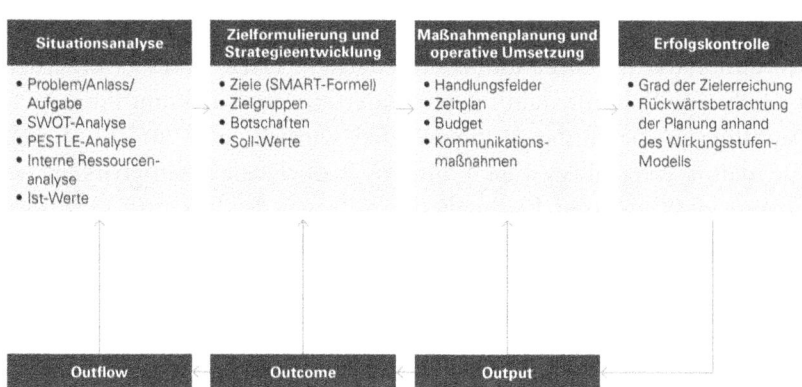

Abb. 4.1 Kreislaufmodell ‚Strategisches Kommunikationsmanagement'. (Eigene Darstellung in Anlehnung an Rolke 2018a, S. 29)

Damit eine Behörde den Wertbeitrag digitaler Kommunikationsformen messen kann, ist es zunächst erforderlich, dass behördenintern geklärt und erarbeitet wird, welche konkreten Zielsetzungen durch die Nutzung digitaler Kommunikationsmöglichkeiten erreicht werden sollen und wie diese mit der übergeordneten Behördenstrategie verknüpft werden können.[9] Zur Beantwortung dieser Fragen werden in der Behördenpraxis häufig sogenannte Phasenmodelle des Prozessmanagements angewendet. Zwar finden sich in der einschlägigen Fachliteratur hierzu unterschiedliche Modellvarianten, diese sind sich in ihrem grundsätzlichen Aufbau allerdings ähnlich.[10] Für das strategische Management von Kommunikationsprozessen – auch im behördlichen Umfeld – erscheint ein Modell, welches aus den Elementen Situationsanalyse, Zielformulierung und Strategieentwicklung, Maßnahmenplanung und operative Umsetzung sowie Erfolgskontrolle besteht, zweckmäßig. Die Elemente werden im Folgenden erläutert (*siehe* Abb. 4.1).[11]

---

[9] Vgl. Rolke (2016, S. 35 ff.).
[10] Vgl. Kern et al. (2012, S. 4).
[11] Vgl. Rolke (2016, S. 35 ff.).

4.2   Situationsanalyse

In der Phase der Situationsanalyse geht es darum, durch eine systematische Bestandsaufnahme Transparenz über die aktuelle kommunikative Ist-Situation zu erzeugen.[12] Dazu ist es erforderlich, dass sich eine Behörde damit auseinandersetzt, welche kommunikativen Handlungsmuster bislang angewendet wurden und welche Ergebnisse damit erreicht werden konnten.[13] Auch die Verfügbarkeit von Ressourcen (Sach- und Personalaufwand sowie Budget und technische Infrastruktur) sind dabei zu berücksichtigen.[14]

Neben der Analyse organisationsinterner Sachverhalte sollte in dieser Phase auch eine Berücksichtigung externer Einflussfaktoren erfolgen.[15] Dabei geht es darum, die Befähigung einer Organisation einzuschätzen, sich im ökonomischen, politischen und gesellschaftlich-medialen Kontext kommunikativ zu behaupten. Diese Einschätzung kann zum Beispiel durch die Betrachtung der sogenannten ‚PESTLE'-Dimensionen unterstützt werden (*siehe* Abb. 4.2). ‚PESTLE' steht als englisches Akronym für die Begriffe ‚political', ‚economical', ‚sociological', ‚technological', ‚legal' und ‚environmental.'[16] Im Rahmen der Analyse der externen kommunikativen Ist-Situation geht es somit darum, Einflussfaktoren aus diesen fünf Dimensionen zu identifizieren.

In der Phase der Situationsanalyse sollte über die Erfassung der internen und externen Ausgangslagen hinaus auch geprüft werden, welche typischen kommunikativen Problemstellungen mit den bisher durchgeführten Kommunikationsmaßnahmen gelöst werden können und welches Wertschöpfungspotenzial diese für die Behörde haben.[17]

Um die Leistungsfähigkeit, aber auch die Grenzen der bisher durchgeführten Kommunikationsmaßnahmen einschätzen zu können,

---

[12]Vgl. Kern et al. (2012, S. 5).
[13]Vgl. Siegel (2019, S. 337).
[14]Vgl. Rolke (2016, S. 36).
[15]Vgl. Esch und Winter (2016, S. 330).
[16]Vgl. Rolke (2016, S. 35 ff.).
[17]Vgl. Rolke (2016, S. 35 f.).

ANALYSE INTERNER RESSOURCEN UND EXTERNER FAKTOREN (PESTLE-DIMENSIONEN)

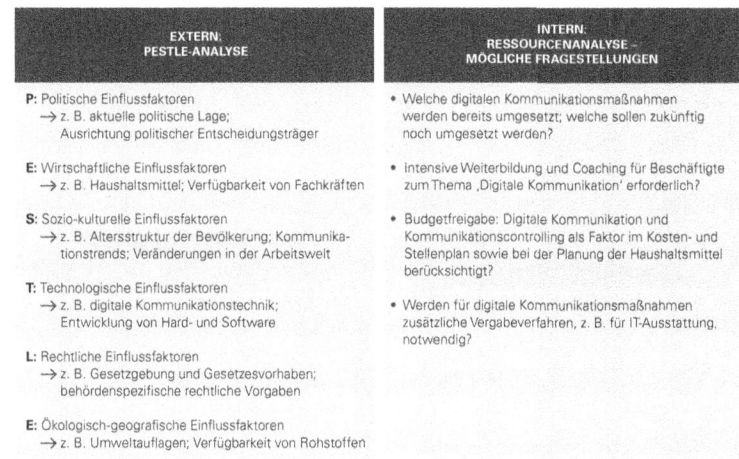

EXTERN: PESTLE-ANALYSE	INTERN: RESSOURCENANALYSE – MÖGLICHE FRAGESTELLUNGEN
P: Politische Einflussfaktoren → z. B. aktuelle politische Lage; Ausrichtung politischer Entscheidungsträger	• Welche digitalen Kommunikationsmaßnahmen werden bereits umgesetzt; welche sollen zukünftig noch umgesetzt werden?
E: Wirtschaftliche Einflussfaktoren → z. B. Haushaltsmittel; Verfügbarkeit von Fachkräften	• Intensive Weiterbildung und Coaching für Beschäftigte zum Thema ‚Digitale Kommunikation' erforderlich?
S: Sozio-kulturelle Einflussfaktoren → z. B. Altersstruktur der Bevölkerung; Kommunika- tionstrends; Veränderungen in der Arbeitswelt	• Budgetfreigabe: Digitale Kommunikation und Kommunikationscontrolling als Faktor im Kosten- und Stellenplan sowie bei der Planung der Haushaltsmittel berücksichtigt?
T: Technologische Einflussfaktoren → z. B. digitale Kommunikationstechnik; Entwicklung von Hard- und Software	• Werden für digitale Kommunikationsmaßnahmen zusätzliche Vergabeverfahren, z. B. für IT-Ausstattung, notwendig?
L: Rechtliche Einflussfaktoren → z. B. Gesetzgebung und Gesetzesvorhaben; behördenspezifische rechtliche Vorgaben	
E: Ökologisch-geografische Einflussfaktoren → z. B. Umweltauflagen; Verfügbarkeit von Rohstoffen	

Abb. 4.2 Analyse interner Ressourcen und externer Faktoren/PESTLE-Dimensionen in Bezug auf digitale Behördenkommunikation. (Eigene Darstellung)

bietet sich die Nutzung bewährter Instrumente des strategischen Managements an.[18] So hat sich die SWOT-Analyse inzwischen auch für eine Anwendung im Kommunikationsbereich etabliert. Die Bezeichnung ‚SWOT' ist ein englisches Akronym für die Begriffe ‚strengths' (Stärken), ‚weaknesses' (Schwächen), ‚opportunities' (Chancen) und ‚threats' (Risiken).[19] Die SWOT Analyse kann dazu beitragen, durch eine systematische Betrachtung ihrer Dimensionen kommunikationsbezogene Chancen und Risiken sowie Stärken und Schwächen der bisherigen Kommunikationsmaßnahmen offenzulegen.[20] Die Anwendung der SWOT-Analyse liefert damit sowohl Aufschlüsse über die Ist-Situation und die kommunikativen Fähigkeiten

---

[18] Vgl. Rolke (2016, S. 35 f.).
[19] Vgl. Ruisinger (2020, S. 221 f.).
[20] Vgl. Esch und Winter (2016, S. 328).

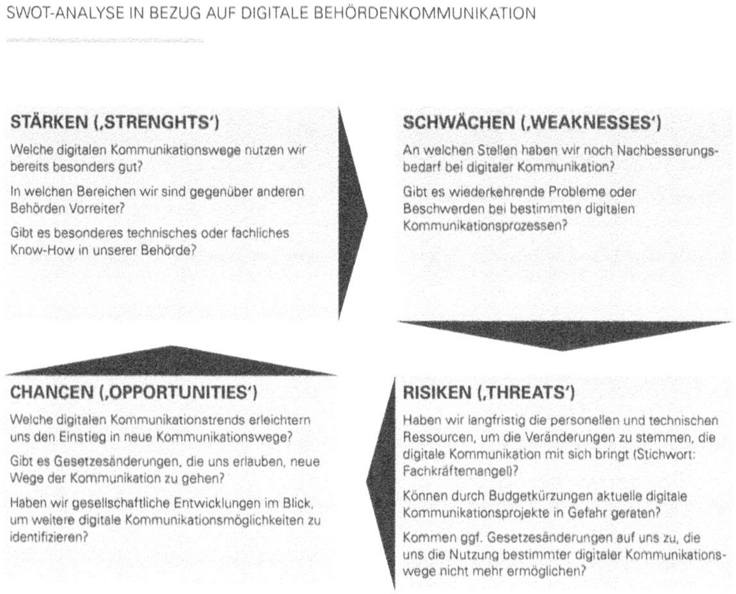

SWOT-ANALYSE IN BEZUG AUF DIGITALE BEHÖRDENKOMMUNIKATION

STÄRKEN ('STRENGHTS')

Welche digitalen Kommunikationswege nutzen wir bereits besonders gut?

In welchen Bereichen wir sind gegenüber anderen Behörden Vorreiter?

Gibt es besonderes technisches oder fachliches Know-How in unserer Behörde?

SCHWÄCHEN ('WEAKNESSES')

An welchen Stellen haben wir noch Nachbesserungsbedarf bei digitaler Kommunikation?

Gibt es wiederkehrende Probleme oder Beschwerden bei bestimmten digitalen Kommunikationsprozessen?

CHANCEN ('OPPORTUNITIES')

Welche digitalen Kommunikationstrends erleichtern uns den Einstieg in neue Kommunikationswege?

Gibt es Gesetzesänderungen, die uns erlauben, neue Wege der Kommunikation zu gehen?

Haben wir gesellschaftliche Entwicklungen im Blick, um weitere digitale Kommunikationsmöglichkeiten zu identifizieren?

RISIKEN ('THREATS')

Haben wir langfristig die personellen und technischen Ressourcen, um die Veränderungen zu stemmen, die digitale Kommunikation mit sich bringt (Stichwort: Fachkräftemangel)?

Können durch Budgetkürzungen aktuelle digitale Kommunikationsprojekte in Gefahr geraten?

Kommen ggf. Gesetzesänderungen auf uns zu, die uns die Nutzung bestimmter digitaler Kommunikationswege nicht mehr ermöglichen?

Abb. 4.3 SWOT-Analyse in Bezug auf digitale Behördenkommunikation. (Eigene Darstellung)

einer Organisation als auch erste Erkenntnisse über eine mögliche Ausgestaltung einer zukünftigen Kommunikationsstrategie.[21] Um eine solche Strategie abzuleiten, ist eine kombinierte Betrachtung vorher formulierter Stärken, Chancen, Schwächen und Risiken erforderlich. So lässt sich zum Beispiel durch eine systematische Betrachtung der Stärken und Schwächen der bisherigen Kommunikationsmaßnahmen (interne Perspektive) und von Chancen, die sich aufgrund neuer technischer Kommunikationsmöglichkeiten oder veränderter Rahmenbedingungen ergeben (zum Beispiel Gesetzesänderungen), aber auch von Risiken, mit denen sich eine Behörde konfrontiert sieht (externe Einflüsse auf die Behörde), eine Kommunikationsstrategie ableiten, die besser als bisher die Erwartungen der Behördenleitung an eine zielgerichtete Kommunikation mit den Bürgerinnen und Bürgern erfüllen kann. Die in Abb. 4.3 formulierten Fragen können die Identifikation

---

[21] Vgl. Ruisinger (2020, S. 221 f.).

der Chancen und Risiken, der Stärken und Schwächen der Behörde in Bezug auf ihre Kommunikation erleichtern.

Dabei bestehen praktische Herausforderungen in der Wahl der für die Datenerhebung des Ist-Zustands geeigneten Methodik und der Festlegung des notwendigen Detaillierungsgrads der zu sammelnden Daten.[22] Daher ist es wichtig, dass die Datensammlung strukturiert und komprimiert erfolgt, damit nur die für die Kommunikationsaufgaben relevanten Informationen in die Analyse einfließen und daraus eine Kommunikationsstrategie entwickelt werden kann, wie sie im folgenden Kapitel beschrieben wird.[23]

4.3 Formulierung strategischer Ziele als Kommunikationsstrategie

Wie im Rahmen dieses Buches bereits dargestellt wurde, sind die Zielsetzungen von Verwaltungsbetrieben je nach Organisationstyp unterschiedlich. Dies hat zur Folge, dass sowohl die Behördenziele als auch die daraus abgeleiteten Kommunikationsziele durch und für die jeweilige Institution spezifisch festgelegt werden müssen.[24] Somit kann es auch keine verbindlichen behördenübergreifenden Vorgaben für die Umsetzung eines strategischen Kommunikationsmanagements in öffentlichen Verwaltungen geben.

Daher ist es wichtig, dass jede Behörde eigenständig ihre Kommunikationsstrategie entwickelt und die darin enthaltenen kommunikativen Ziele formuliert.[25] Schließlich stellt diese Strategie ein grundlegendes Element für die Ausrichtung der konkreten Kommunikationsprozesse dar.[26]

Bei der Entwicklung der Kommunikationsstrategie werden die strategischen kommunikativen Zielsetzungen, die anvisierten Zielgruppen, die übergeordnete

---

[22] Vgl. Kern et al. (2012, S. 5).

[23] Vgl. Ruisinger (2020, S. 220).

[24] Vgl. Germann und Ainetter (2021, S. 166 ff.).

[25] Vgl. Siegel (2019, S. 342).

[26] Vgl. Esch und Winter (2016, S. 328).

Botschaft und die Verbreitungswege der Kommunikationsmaßnahmen bestimmt.[27] Dabei ist zu beachten, dass die im Rahmen einer Kommunikationsstrategie formulierten strategischen Kommunikationsziele in die Zielhierarchie einer Behörde integriert werden.[28] Dadurch erhält die entwickelte Kommunikationsstrategie eine Aussagekraft darüber, welche kommunikativen Absichten die Organisation über das Tagesgeschäft hinaus verfolgt und wie diese verwirklicht werden sollen.[29]

Somit bilden die Kommunikationsstrategie und die in ihr formulierten Ziele einen verbindlichen Handlungsrahmen für die operative Umsetzung von Kommunikationsmaßnahmen.[30] Dabei sollte beachtet werden, für welchen digitalen Kommunikationsraum die strategischen Ziele formuliert werden – also zum Beispiel in Bezug auf die eigene Internetseite oder auf soziale Netzwerke etc. –, da die Effekte und Erfolgskriterien von Kommunikationsmaßnahmen je nach Kommunikationsraum differieren.[31] Auf die Besonderheiten einzelner digitaler Kommunikationsräume (Webräume) wird im weiteren Verlauf dieses Buches noch eingegangen.

Somit wird im Rahmen der Entwicklung einer Kommunikationsstrategie und der Formulierung strategischer Kommunikationsziele die Grundlage für praktisches kommunikatives Handeln in und durch eine Behörde geschaffen.[32] Dabei spielt es keine Rolle, ob sich die Kommunikationsstrategie auf den Einsatz einzelner oder auf das Zusammenspiel mehrerer Kommunikationsinstrumente bezieht.[33] Lediglich die konsequente Ausrichtung strategischer Kommunikationsziele an den allgemeinen Organisationszielen ist maßgeblich, um später bei der operativen Umsetzung von Kommunikationsmaßnahmen ein abgestimmtes Maßnahmenkonzept zu erhalten.

---

[27] Vgl. Rolke (2016, S. 36).
[28] Vgl. Esch und Winter (2016, S. 328 ff.).
[29] Vgl. Siegel (2019, S. 336 f.).
[30] Vgl. Esch und Winter (2016, S. 328 ff.).
[31] Vgl. Rolke (2018b, S. 324).
[32] Vgl. Siegel (2019, S. 336 ff.).
[33] Vgl. Esch und Winter (2016, S. 328 ff.).

Bereits die Festlegung strategischer Ziele der Kommunikation sollte, wenn möglich, die konkrete Formulierung von Soll-Werten umfassen.[34] Hier gilt es zu beachten, dass diese Werte – abgeleitet aus den Kommunikationszielen – klar definiert werden, da ansonsten eine spätere Erfolgskontrolle nicht möglich ist.[35] Die Zielvorgaben und die damit verbundenen Soll-Werte sollten deshalb messbar formuliert werden, um sie später über ein internes Kommunikationscontrolling bewerten zu können.[36]

Dafür bietet sich die Beachtung der sogenannten SMART-Regel an: Dieses aus dem Englischen stammende Akronym besagt, dass Ziele spezifisch (‚specific‘), messbar (‚measurable‘), aktiv beeinflussbar (‚achievable‘), realistisch (‚realistic/relevant‘) und terminiert (‚timebound‘) formuliert werden sollten.[37] Die einzelnen Bestandteile des ‚SMART‘-Begriffs und deren Wichtigkeit für die Formulierung von Kommunikationszielen und für die Ableitung geeigneter Leistungskennzahlen werden an späterer Stelle in diesem Buch noch vorgestellt.

4.4 Maßnahmenplanung und deren operative Umsetzung

In der Phase der operativen Umsetzung von Kommunikationsprozessen soll die auf Basis der Kommunikationsstrategie definierte Soll-Konzeption durch die Festlegung und Implementierung dazugehöriger Maßnahmen realisiert werden.[38] Dabei gilt es, die bereits im Rahmen der Situationsanalyse betrachteten Rahmenbedingungen im Auge zu behalten. Bei der Formulierung der für die Umsetzung

---

[34] Vgl. ähnlich Kern et al. (2012, S. 5 f.).

[35] Vgl. Rolke (2016, S. 36).

[36] Vgl. Germann und Ainetter (2021, S. 166 ff.).

[37] Vgl. Hirsch et al. (2018, S. 18 f.) Nach Hirsch et al. (2018) finden sich in der einschlägigen Literatur unterschiedliche Angaben und Übersetzungen für die Bedeutung des Buchstabens ‚A‘ in ‚SMART‘. Neben ‚aktiv beeinflussbar‘ wird dabei häufig auch die Bezeichnung ‚erreichbar‘ verwendet.

[38] Vgl. Kern et al. (2012, S. 6).

der Kommunikationsstrategie abzuleitenden Maßnahmen gibt es die folgenden Entscheidungen zu treffen:[39]

- die Verwendung der Kommunikationsträger und -mittel;
- die Ansteuerung der definierten Kommunikationsareale und -zeitpunkte;
- die Definition von Zielgruppen und Botschaften: Welche Zielgruppen sollen angesprochen werden; welche Kommunikationsobjekte und -botschaften sollen vermittelt werden?

Für jedes dieser Elemente ist vor der jeweiligen Umsetzung einer Kommunikationsmaßnahme eine konkrete Operationalisierung notwendig. Außerdem dürfen diese Elemente nicht isoliert betrachtet werden, sondern es sollten wechselseitige Abhängigkeiten Berücksichtigung finden.[40]

Die operative Umsetzung von Kommunikationsmaßnahmen und das Herunterbrechen der bereits im Rahmen der Formulierung der strategischen Kommunikationsziele festgelegten Soll-Werte auf konkrete Maßnahmen bilden die Grundlage für die spätere Erfolgskontrolle einzelner Kommunikationsmaßnahmen. Die Messung des Erfolgs bestimmter Maßnahmen umfasst neben einer Orientierung an den eingangs beschriebenen Erfolgsdimensionen von Behördenkommunikation auch Faktoren wie die Budgettreue der Kommunikationsverantwortlichen sowie die Beschreibung der erwarteten direkten Effekte einzelner Maßnahmen in Bezug auf die formulierten strategischen Kommunikationsziele. Diese erwarteten Effekte sollten für eine spätere Erfolgskontrolle in Form passender Leistungskennzahlen formuliert werden, um später auch konkret erfasst werden zu können (zum Beispiel Seitenzugriffe, Reichweiten etc.).[41]

Obwohl die operative Umsetzung von Kommunikationsmaßnahmen im Idealfall auf Basis einer vorab definierten Kommunikationsstrategie

---

[39] Vgl. Esch und Winter (2016, S. 329 ff.).
[40] Vgl. Esch und Winter (2016, S. 329 ff.).
[41] Vgl. Rolke (2016, S. 36).

basiert, kann in der Behördenpraxis nicht immer davon ausgegangen werden, dass sämtliche ursprünglich mit einer Maßnahme verfolgten Kommunikationsziele vollständig realisiert und die angestrebten Wirkungen erreicht werden können.[42] Ob dies im Einzelfall doch gelingt, kann durch eine Erfolgskontrolle gemessen werden.

4.5 Erfolgskontrolle

Insbesondere die Wirkung digitaler Kommunikation ist schwierig zu prognostizieren, da diese Form der Kommunikation, unter anderem aufgrund technischer Entwicklungen, permanenter Veränderungen unterliegt.[43] Gerade dann sind ein systematisches Monitoring der durchgeführten Kommunikationsmaßnahmen und eine Evaluation der Wirkungen der Maßnahmen in Bezug auf die Kommunikationsstrategie unverzichtbar.[44] Schließlich zeigt sich häufig erst bei der Durchführung konkreter Kommunikationsmaßnahmen, in welcher Form diese zur Erreichung der zuvor definierten Kommunikationsziele beitragen. Eine Bewertung dieser Zielerreichung ist nur in Form einer umfassenden Erfolgskontrolle möglich.[45]

Es wurde bereits darauf hingewiesen, welche wichtige Rolle dem Kommunikationscontrolling zukommt, um den Wertschöpfungsbeitrag von Kommunikationsprozessen zu belegen und diese zielgerichtet zu steuern.[46] Daraus ergibt sich, dass das eingangs vorgestellte Prozessmodell in einem letzten Schritt mit der Leistungsmessung von Kommunikationsmaßnahmen zum Abschluss kommt. Die gewählten Kommunikationsmaßnahmen sind in dieser Phase hinsichtlich ihres Zielerreichungsgrades und ihres Beitrags zur Umsetzung der Kommunikationsstrategie zu überprüfen.[47]

---

[42] Vgl. Siegel (2019, S. 337).
[43] Vgl. Hill (2020, S. 80).
[44] Vgl. ähnlich Siegel (2019, S. 337).
[45] Vgl. Kern et al. (2012, S. 6).
[46] Vgl. Besson (2012, S. 101).
[47] Vgl. ähnlich Esch und Winter (2016, S. 330).

Die für die Erfolgskontrollen verantwortlichen Akteure sollten sich aber dabei nicht nur auf eine reine Kontrollfunktion beschränken, sondern auch die strategische Ausrichtung der Kommunikation ihrer Behörde im Blick haben und, auf Basis der gewonnenen Erkenntnisse, bei Bedarf anpassen.[48] Strategisches Kommunikationsmanagement dient folglich nicht nur dazu, strategische Ziele der Kommunikation zu formulieren und dafür geeignete operative Maßnahmen umzusetzen. Vielmehr geht es auch darum, zu prüfen, ob die gewählten Ansätze gegebenenfalls zu optimieren sind.[49] Ein behördliches Kommunikationscontrolling muss also die Frage beantworten können, welche Kommunikationsmaßnahmen geeignet sind, um beispielsweise die Wirtschaftlichkeit und Wirksamkeit des Verwaltungshandelns zu erhöhen, dessen Transparenz zu verbessern und einen Beitrag zur Sicherung der Legitimation der Verwaltung zu leisten.[50]

Auch bei der Evaluierung digitaler Kommunikationsmaßnahmen ist ein empirisch gestütztes Vorgehen, zum Beispiel durch Beobachtung, Befragung oder Datenanalyse, unabdingbar, damit festgestellt werden kann, wie hoch der Beitrag bestimmter Kommunikationsmaßnahmen zur Erreichung strategischer Kommunikationsziele ist und ob es zu Abweichungen zwischen Kommunikationszielen und -ergebnissen gekommen ist, die einer Reaktion darauf bedürfen.[51]

In Bezug auf das bereits vorgestellte Wirkungsstufenmodell sollten insbesondere im Rahmen der Erfolgskontrolle digitaler Kommunikationsmaßnahmen folgende Aspekte genauer untersucht werden, um das aus den Phasen ‚Situationsanalyse', ‚Formulierung strategischer Ziele' und ‚Maßnahmenplanung/operative Umsetzung' bestehende Prozessmodell (*siehe* Abb. 4.1) vom Ergebnis her und in Relation zum Ausgangspunkt zu bewerten:[52]

Zunächst sollte die Output-Ebene betrachtet werden. Dadurch kann auf der strategischen Ebene zum Beispiel die Frage beantwortet

---

[48]Vgl. Siegel (2019, S. 337).
[49]Vgl. Rolke et al. (2022, S. 598).
[50]Vgl. Siegel (2019, S. 344).
[51]Vgl. Rolke (2018a, S. 28 f.).
[52]Vgl. Rolke (2018a, S. 30 f.).

werden, ob und wie die digitalen Kommunikationsangebote die im Vorfeld definierten Adressaten der Kommunikation erreicht haben.[53] Daran schließt sich das sogenannte ‚Outcome-Checking' an: Hierbei sollen neben der Wahrnehmung des digitalen Kommunikationsangebots auch die Akzeptanz und die generierten Meinungsbilder sowie die Veränderungen in der Verhaltensdisposition der Zielgruppen sichtbar gemacht werden.[54] Der letzte Schritt ist die Überprüfung des ‚Outflows' der Kommunikation: Dabei wird untersucht, ob der aus den Kommunikationszielen abgeleitete Maßnahmenkatalog erfolgreich umgesetzt und durch die durchgeführten digitalen Kommunikationsmaßnahmen ein Wertschöpfungsbeitrag für die Behörde erzielt werden konnte. In diesem Zusammenhang sollen Ursache-Wirkungsbeziehungen und Wirkungszusammenhänge zwischen konkreten Maßnahmen und den erreichten Zielen analysiert und verdeutlicht werden.[55]

Zusammenfassend steht in der Phase der Erfolgskontrolle von Kommunikationsmaßnahmen die Überwachung und Bewertung der gesamten Prozessleistung der Kommunikation im Fokus. Wie bereits angedeutet wurde, ist es wichtig, dass hierfür aussagekräftige Kennzahlen definiert und erhoben werden. Gerade bei der Messung digitaler Kommunikationsleistungen stehen Behörden jedoch vor großen Herausforderungen. Falls die Ist-Werte der durchgeführten Kommunikationsmaßnahmen von den vorgegebenen Soll-Werten abweichen sollten, kann das Kommunikationscontrolling nur bei Vorliegen aussagekräftiger Kennzahlen bei der Ursachenermittlung sowie bei der Einleitung entsprechender Korrekturmaßnahmen unterstützen.[56]

Auf diese besondere Bedeutung und die spezifischen Herausforderungen bei der Ableitung und Erhebung von Leistungskennzahlen für die Bewertung von Maßnahmen der digitalen Behördenkommunikation wird im nächsten Abschnitt dieses Buches eingegangen.

---

[53] Vgl. Rolke (2018a, S. 30 f.).
[54] Vgl. Rolke (2018a, S. 30 f.).
[55] Vgl. Rolke (2018a, S. 30 f.).
[56] Vgl. Kern et al. (2012, S. 6 f.).

4.6   Blick in die Praxis: Monitoring und Controlling von externen Kommunikationsmaßnahmen am Beispiel der Universität der Bundeswehr München

Von Michael Brauns, Pressesprecher an der Universität der Bundeswehr München.

Wie können Behörden erfolgreich kommunizieren? Das hängt natürlich von vielen verschieden Faktoren ab. So sind Behörden nicht gleich Behörden. Ein Finanzamt oder Landratsamt sind anders aufgestellt als eine Universität, wie in meinem Fall die Universität der Bundeswehr München. Aus kommunikativer Sicht machen vor allem die Themen den Unterschied. Was interessiert die Medien und die Öffentlichkeit? Vor allem Themen mit gesellschaftlicher Relevanz. Das bedeutet, es sind die Themen, mit denen die Mediennutzer von Printprodukten, Radio, Fernsehen und Onlineportalen etwas anfangen können, weil es zu ihrer Lebenswirklichkeit gehört. Im wissenschaftlichen Bereich sind das Themen wie aktuell die E-Mobilität, der Schutz Kritischer Infrastruktur oder Cyber Defence und vieles mehr, um nur ein paar Beispiele zu nennen. Da tut sich eine Universität grundsätzlich leichter im Themenangebot. Das heißt aber nicht, dass ein Finanzamt oder Landratsamt keine guten Themen hat. Auch hier gibt es bestimmt Themen aus der Lebenswirklichkeit der Medienrezipienten. Sei es beim Finanzamt eine kommende Steuerreform oder beim Landratsamt die Information über Initiativen zur Ukraine-Hilfe. Ein gutes Thema ist auf jeden Fall schon mal das Fundament für eine erfolgreiche Behördenkommunikation. Doch ohne den nächsten Schritt kann das auch schiefgehen. Das Thema muss redaktionell und zielgruppenorientiert aufbereitet sein. Der Beitrag muss redaktionell geschrieben sein unter Beachtung der redaktionellen Ansprüche, die ich hier aber nicht vertiefen möchte.

Medien sind sehr unterschiedlich

Diese redaktionellen Ansprüche gelten natürlich für alle Medienarten, also auch für Podcasts und Videos. Wenn ich diese Hürde genommen habe, muss ich mir genau die Kanäle anschauen, die ich adressieren möchte. Die Unterschiede der Kanäle sind schon erheblich. So macht es bei den Printprodukten einen großen Unterschied, ob ich eine Tageszeitung, ein Wochenmagazin oder eine Fachzeitschrift für meine Themen interessieren möchte. Bei den Social-Media-Kanälen sieht es nicht anders aus. Facebook, Instagram, LinkedIn, Twitter und Co. unterscheiden sich teils fundamental in Zielgruppe, medialer Aufbereitung, Tonalität bis hin zum möglichen Textumfang. Ohne es zu vertiefen, aber ein richtig gutes Foto gehört immer dazu.

Wenn ich dann meine thematischen Beiträge auf unterschiedlichen Kanälen kommuniziert habe, beginnt direkt das Monitoring. Und das geht mittlerweile deutlich über einen Google Alert hinaus. Auf dem deutschen und internationalen Markt haben sich zahlreiche Anbieter für Monitoring etabliert. Deren Angebote sind meist modular aufgebaut und können je nach Geldbeutel sehr umfangreich sein. Mehr Module kosten natürlich auch mehr. Die Basisfunktionen sind auf jeden Fall die Recherche von Nennungen und Erwähnungen der eigenen Einrichtungen bei allen Mediengattungen inklusive der Social-Media-Kanäle. Dazu kann natürlich auch Konkurrenzbeobachtung gehören oder das Beobachten von speziellen Themen oder auch sogenannten Themenkarrieren. Mit dem richtigen Zeitpunkt der Kommunikation kommt somit eine weitere wichtige Voraussetzung für eine erfolgreiche Kommunikation hinzu.

Quantitatives Monitoring

Wenn der Kommunikationsverantwortliche sich entschließt, seine Pressemitteilungen über die Plattform der Anbieter zu verbreiten, hat er direkt weitere Analysemöglichkeiten zur Hand. Er kann bei jeder einzelnen Pressemitteilung analysieren, ob sie gelesen wurde und wie die Reichweite und die geographische Verbreitung aussieht. Diese Punkte muss der Kommunikationsverantwortliche im Blick haben. Er muss aber auch seine Rückschlüsse aus den Analysen ziehen und eventuell an den kommunikativen Stellschrauben drehen. Bei den Social-Media-Plattformen bekomme ich das Feedback der User direkt als Likes, Kommentare oder Fragen. Diese Werte sind schon ein ganz guter Anhalt für den Erfolg oder Misserfolg eines Beitrages. Die Social-Media-Plattformen bieten mit den Insights eigene Analysemöglichkeiten der einzelnen Beiträge an. Meist sind die Reichweiten, Interaktionen, Impressions und Click-Through-Rates sichtbar. Auf der Meta Business Suite werden beispielsweise zahlreiche Analysedaten für Facebook und Instagram angeboten. Bei den kostenpflichtigen Monitoring-Anbietern sind das Modul und die Option eines Dashboards hilfreich und sinnvoll. Alle Erwähnungen und Nennungen bis hin zu einzelnen Kommentaren sind über alle Mediengattungen hinweg auf einen Blick sichtbar und verfügbar.

Qualitatives Controlling

Das beschriebene Monitoring ist jedoch rein quantitativ. Welcher Beitrag ist in welchem Medium veröffentlicht worden? Um ein Controlling der Berichterstattung auch qualitativ durchzuführen, muss ich ganz andere Fragen beantworten und dokumentieren. Wurde meine Pressemitteilung von einem Medium eins zu eins übernommen? Wurde die Headline übernommen? Kommen meine Kernbotschaften in der Medienberichterstattung vor, und wenn ja, welche? Die Liste ließe sich hier natürlich noch weiterführen. Aber Sie merken natürlich, dass dies deutlich zeitintensiver ist als ein rein quantitatives Monitoring. Für einen Kommunikationsverantwortlichen ist dies in der Praxis schwer zu realisieren. Selbstverständlich gibt es auch hier die Option, einen professionellen Anbieter und Dienstleiter zu beauftragen.

Das Hauptziel jeder Institution in der Kommunikation, egal ob Unternehmen oder Behörde, ist die Steigerung des Images und des Bekanntheitsgrades. Dies lässt sich über regelmäßige, repräsentative Umfragen realisieren. Entweder auf die allgemeine Öffentlichkeit bezogen oder auf wichtige Zielgruppen. Über einen Jahresvergleich von fünf Jahren lassen sich aussagekräftige Ergebnisse erzielen, die für die Kommunikation ein wichtiger Richtungsweiser sind. Bin ich auf dem richtigen Weg? Muss ich meine Kommunikationsstrategie anpassen oder verändern? Für die Imageanalysen und repräsentativen Umfragen gibt es auch wieder einschlägige Dienstleister.

Es gibt zahlreiche Instrumente für ein Monitoring und Controlling der eigenen Kommunikationsmaßnahmen. Welche Option und wie der Kommunikationsverantwortliche einsetzt, ist vor allem vom Zeitbudget und den finanziellen Möglichkeiten abhängig. Eine Blaupause gibt es dafür nicht.

4.7 Was Sie aus diesem Kapitel mitnehmen können

Damit eine Behörde den Wertbeitrag digitaler Kommunikationsformen messen kann, ist es zunächst erforderlich, dass behördenintern geklärt und erarbeitet wird, welche konkreten Zielsetzungen durch die Nutzung digitaler Kommunikationsmöglichkeiten erreicht werden sollen und wie diese mit der übergeordneten Behördenstrategie verknüpft werden können. Zur Beantwortung dieser Fragen werden in der Praxis häufig sogenannte Phasenmodelle des Prozessmanagements angewendet. Für das strategische Management von Kommunikationsprozessen – auch im behördlichen Umfeld – erscheint ein Modell, welches aus den Elementen Situationsanalyse, Zielformulierung und Strategieentwicklung, Maßnahmenplanung und operative Umsetzung sowie Erfolgskontrolle besteht, zweckmäßig.

Allerdings sind die Zielsetzungen von Verwaltungsbetrieben je nach Organisationstyp unterschiedlich. Dies hat zur Folge, dass sowohl die Behördenziele als auch die daraus abgeleiteten Kommunikationsziele durch und für die jeweilige Institution spezifisch festgelegt werden müssen. Somit kann es auch keine verbindlichen behördenübergreifenden Vorgaben für die Umsetzung eines strategischen Kommunikationsmanagements in öffentlichen Verwaltungen geben, sondern es ist wichtig, dass jede Behörde eigenständig ihre Kommunikationsstrategie entwickelt und die darin enthaltenen kommunikativen Ziele formuliert.

Bereits die Festlegung strategischer Ziele der Kommunikation sollte die konkrete Formulierung von Soll-Werten umfassen. Hier gilt es zu beachten, dass diese Werte – abgeleitet aus den Kommunikationszielen

– klar definiert werden, da ansonsten eine spätere Erfolgskontrolle nicht möglich ist. Die Zielvorgaben und die damit verbundenen Soll-Werte sollten deshalb messbar formuliert werden, um sie später über ein internes Kommunikationscontrolling bewerten zu können.

Ein behördliches Kommunikationscontrolling sollte letztendlich die Frage beantworten können, welche Kommunikationsmaßnahmen geeignet sind, um beispielsweise die Wirtschaftlichkeit und Wirksamkeit des Verwaltungshandelns zu erhöhen, dessen Transparenz zu verbessern und einen Beitrag zur Sicherung der Legitimation der Verwaltung zu leisten.

Literatur

Besson, N. (2012): PR-Evaluation und Kommunikationscontrolling, Edingen-Neckarshausen.

Esch, F.-R./Winter, K. (2016): Entwicklung von Kommunikationsstrategien, in: Handbuch Strategische Kommunikation, hrsg. von Manfred Bruhn et al., 2. überarb. Aufl., Wiesbaden, S. 327–344.

Germann, C./Ainetter, W. (2021): Social Media für Behörden, Bonn.

Hill, H. (2020): Moderne Verwaltungskommunikation, in: Verständliche Verwaltungskommunikation in Zeiten der Digitalisierung, hrsg. von Rudolf Fisch et al., Baden-Baden, S. 77–96.

Hirsch, B./Weber, J./Schäfer, F.-S. (2018): Kennzahlen als Mess- und Steuerungsinstrument in Behörden, Berlin.

Kern, E.-M./Hartmann, T./Schmid, W. (2012): Einführung, in: Prozessmanagement individuell umgesetzt, hrsg. von Eva-Maria Kern, Berlin/Heidelberg, S. 1–14.

Rolke, L. (2016): Kommunikations-Controlling: Strategiegeleitete Steuerung mittels Wirkungsmanagement, in: Handbuch Controlling der Kommunikation, hrsg. von Franz-Rudolf Esch et al., 2. überarb. Aufl., Wiesbaden, S. 27–52.

Rolke, L. (2018a): Kommunikationssteuerung nach dem Stakeholder-Kompass – Wertschöpfung durch Wirkungsmanagement, in: Kommunikationssteuerung, hrsg. von Lothar Rolke und Jan Sass, Berlin/Boston, S. 17–38.

Rolke, L. (2018b): Webmonitoring next level, in: Kommunikationssteuerung, hrsg. von Lothar Rolke und Jan Sass, Berlin/Boston, S. 319–331.

Rolke, L./Buhmann, A./Zerfaß, A. (2022): Evaluation und Controlling der Unternehmenskommunikation, in: Handbuch Unternehmens-kommunikation, hrsg. von Ansgar Zerfaß et al., 3. überarb. Aufl., Wiesbaden, S. 595–615.

Ruisinger, D. (2020): Die digitale Kommunikationsstrategie, 2. überarb. Auflage, Stuttgart.

Siegel, J. P. (2019): Strategisches Management, in: Handbuch zur Verwaltungsreform, hrsg. von Sylvia Veit et al., 5. überarb. Aufl., Wiesbaden, S. 333–344.

Theis-Berglmair, A. (2003): Organisationskommunikation, in: Öffentliche Kommunikation, hrsg. von Günter Bentele et al., Wiesbaden, S. 565–575.

5

Herausforderungen für das Kommunikationscontrolling digitaler Behördenkommunikation

5.1 Ableitung geeigneter Kennzahlen für die Zielsetzungen digitaler Behördenkommunikation

Im vorangegangenen Kapitel wurde die besondere Bedeutung eines strategischen Kommunikationsmanagements beschrieben. Dieses ist Voraussetzung dafür, dass passende Ziele einer digitalen Behördenkommunikation gesetzt und die Erreichung der Ziele digitaler Kommunikationsmaßnahmen in den Behörden systematisch überprüft werden. Eine Identifikation und Definition strategischer und operativer Ziele der digitalen Kommunikation ist Voraussetzung dafür, geeignete Kennzahlen zur Messung der Erreichung der vorher definierten Ziele ableiten zu können.[1]

Kennzahlen eignen sich auch in öffentlichen Institutionen als Steuerungsgrößen.[2] So unterstützt die Verwendung von Kennzahlen das

---

[1] Vgl. Hirsch et al. (2018, S. 38).
[2] Vgl. Hirsch et al. (2018, S. 131).

Vorhaben, komplexe Sachverhalte komprimiert und zielgerichtet abzubilden[3] und den Fokus der mit Kennzahlen konfrontierten Adressaten
auf verfolgenswerte bzw. besonders relevante Ziele zu lenken.[4]

In Bezug auf das behördliche Kommunikationscontrolling haben
Kennzahlen unterschiedliche Funktionen. Sie dienen zum Beispiel dazu,
den Kommunikationsstatus und die Wahrnehmung einer Behörde bei
den durch die Behördenkommunikation angesprochenen Zielgruppen
zu beurteilen. Außerdem können sie Auskunft über die Wirksamkeit
von Kommunikationsmaßnahmen geben.[5] Dadurch tragen Kennzahlen dazu bei, die Qualität von Kommunikationsprozessen und
die Erfüllung von behördlichen Kommunikationszielen bewerten zu
können.[6] Voraussetzung dafür ist, dass sinnvolle und konkret messbare
Leistungskennzahlen für die einzelnen Kommunikationsmaßnahmen
formuliert werden, da sich nur dann eine spätere Zielerreichung auch
überprüfen lässt.[7] Auf Basis eines Soll-Ist-Abgleichs der geplanten und
realisierten Kennzahlen können Handlungsbedarfe für die Behördenleitung identifiziert und rechtzeitige Kurskorrekturen vorgenommen
werden.[8] Die Nutzung von Kennzahlen als Zielvorgaben und deren
Überprüfung ist auch Voraussetzung dafür, dass ein Benchmarking,
also ein systematischer Vergleich der Leistungserstellung, mit anderen
behördlichen Institutionen vorgenommen werden kann.[9]

Die Ableitung entsprechender Kennzahlen hängt von den übergeordneten Zielsetzungen einer Organisation und den daraus abgeleiteten
Kommunikationszielen ab.[10] Bei öffentlichen Institutionen ist zu beachten,
dass deren Ziele häufig mehrschichtig und spezifisch auf den Zweck
einer bestimmten Behörde ausgerichtet sind. Daher ist es wichtig, die
individuellen institutionellen Besonderheiten bei der Zielformulierung und

---

[3] Vgl. Hirsch et al. (2018, S. 15).
[4] Vgl. Hirsch et al. (2018, S. 4).
[5] Vgl. Sass und Zerfaß (2016, S. 173).
[6] Vgl. Hirsch und Oberleitner (2020, S. 10).
[7] Vgl. Sass und Zerfaß (2016, S. 171 ff.).
[8] Vgl. Hirsch und Oberleitner (2020, S. 10).
[9] Vgl. Sass und Zerfaß (2016, S. 173).
[10] Vgl. Sass und Zerfaß (2016, S. 173).

der Ableitung von Kennzahlen zu berücksichtigen.[11] Dies gilt insbesondere auch für den Kommunikationsbereich.[12]

Folglich gibt es kein einheitliches Kennzahlensystem, das für die Steuerung von Kommunikationsmaßnahmen in Behörden angewendet werden kann – stattdessen sind die jeweiligen Kennzahlen organisationsindividuell festzulegen.[13] Nichtsdestotrotz lässt sich festhalten, dass eine klare Zieldefinition des behördlichen Kommunikationsmanagements die wichtigste Voraussetzung für eine spätere Überprüfung der Zielerreichung der jeweiligen Kommunikationsmaßnahmen ist.[14] Dies gilt für alle Institutionen des öffentlichen Sektors, in denen eindeutig definierte und messbare Ziele nachweislich einen positiven Einfluss auf die quantitative und qualitative Leistung der Organisationen haben.[15]

Wie bereits in Kap. 4 erläutert wurde, bietet sich für die Operationalisierung von Zielen die Anwendung der sogenannten SMART-Regeln an (*siehe* Abb. 5.1).[16] Diese Regeln unterstützen die Ableitung geeigneter Kennzahlen aus vorab definierten Zielen.[17] Wie andere Ziele auch, sollten Kommunikationsziele Anforderungen erfüllen, die sich mit den Schlagworten ‚spezifisch‘, ‚messbar‘, ‚aktiv beeinflussbar/erreichbar‘, ‚realistisch‘ und ‚terminiert‘ beschreiben lassen.[18]

‚Spezifisch‘ bedeutet, dass bei der Formulierung von Kommunikationszielen konkret definiert wird, welcher angestrebte Zustand durch eine Kommunikationsmaßnahme eintreten soll.[19] ‚Messbar‘ bedeutet, dass sich die Erreichung der Kommunikationsziele

---

[11]Vgl. Hirsch et al. (2018, S. 5 f.).
[12]Vgl. Hirsch et al. (2018, S. 57).
[13]Vgl. Sass und Zerfaß (2016, S. 173).
[14]Vgl. Weber (2017, S. 156).
[15]Vgl. Hirsch et al. (2018, S. 15 f.).
[16]Vgl. Hirsch et al. (2018, S. 18).
[17]Vgl. Hirsch et al. (2018, S. 18 ff.).
[18]Vgl. Sass und Zerfaß (2016, S. 175).
[19]Vgl. Hirsch et al. (2018, S. 18 ff.).

SMART-KRITERIEN FÜR DIE FESTLEGUNG VON BEHÖRDENZIELEN

S: SPEZIFISCH
→ Welches Ziel soll konkret erreicht werden?
→ Welcher Zustand soll sich durch eine bestimmte Maßnahme verändern?
→ Wichtig: Für die Zielsetzung sollten einfache und klare Formulierungen gewählt werden.

M: MESSBAR
→ Können die Zielsetzungen gemessen werden?
→ Kann die Zielerreichung anhand von quantitativen und qualitativen Faktoren festgelegt werden?
→ Wichtig: Es muss ein passendes Kennzahlenset definiert werden.

A: AKTIV BEEINFLUSSBAR / ERREICHBAR / ATTRAKTIV
→ Kann durch die von der Behörde aktiv gesteuerten Maßnahmen ein Mehrwert ausgelöst werden?
→ Kann das gesetzte Ziel letztendlich durch diese Maßnahmen erreicht werden?
→ Wichtig: Das Ziel sollte so attraktiv für die Behörde sein, dass es die Verantwortlichen auch erreichen wollen.

R: REALISTISCH
→ Sind die Maßnahmen zur Zielerreichung in der Realität umsetzbar?
→ Wurden die Zielsetzungen zwar ambitioniert, aber nicht unrealistisch formuliert?
→ Wichtig: Die Aussicht, ein Ziel mit großer Wahrscheinlichkeit von Anfang an nicht erreichen zu können, wirkt demotivierend auf die Belegschaft.

T: TERMINIERT
→ Gibt es einen konkreten Zeitpunkt, zu welchem das Ziel erreicht werden muss/soll?
→ Kann bei Abweichungen vom Soll-Zustand innerhalb eines bestimmten Zeitraums nachgesteuert werden?
→ Wichtig: Welche Konsequenz hat das Nicht-Erreichen des festgesetzten Zeitpunkts?
    Hier sollten alternative Szenarien bereits im Vorfeld analysiert werden.

Abb. 5.1 SMART-Kriterien für die Festlegung von Behördenzielen. (Eigene Darstellung)

durch Erfolgskriterien in Form von Messgrößen überprüfen lässt.[20] ‚Aktiv beeinflussbar' meint, dass die mit der Zielerfüllung beauftragten Akteure die Möglichkeit haben, durch eigenes proaktives Handeln zur Zielerreichung beizutragen.[21] Des Weiteren sollte die Zielvorgabe ‚realistisch' bestimmt werden und somit unter Beachtung der gegebenen Umweltzustände und innerhalb eines definierten Zeitrahmens (‚terminiert') umsetzbar sein.[22]

---

[20] Vgl. Sass und Zerfaß (2016, S. 175).
[21] Vgl. Hirsch et al. (2018, S. 18 ff.).
[22] Vgl. Sass und Zerfaß (2016, S. 175); vgl. Hirsch et al. (2018, S. 18 ff.).

Kennzahlensteckbrief:

Anzahl der neuen Newsletter-Abonnenten im Verhältnis zur Zahl der Seitenaufrufe

Kennzahlen-ID: 038

Behördenziel: Führender Informationsversorger für regionale Gesundheitsthemen werden

Kommunikative Zielsetzung: 10-prozentige Steigerung der Abonnenten des Gesundheitsnewsletters im 1. Quartal

Fachliche Definition der Kennzahl: Die Kennzahl misst die Anzahl der neuen Newsletter-Abonnenten im Verhältnis zur Zahl der Seitenaufrufe (Page Impressions) des Behörden-Internetauftritts.

Berechnungsformel:

$$\frac{\text{Anzahl der neuen Newsletterabonnenten [pro Woche]}}{\text{Anzahl der Page Impressions [pro Woche]}}$$

Zuständigkeit / Verantwortung: Stabsstelle Kommunikation

Auswertungsfrequenz: 1 x pro Woche

Datenquellen: Internet-Auswertungstool, Newsletter-Auswertungstool, hausinterne Analyse möglich

Abb. 5.2 Kennzahlensteckbrief. (Eigene Darstellung)

Nach der Ableitung passender Kennzahlen sollte in einem nächsten Schritt jede Kennzahl in einem ‚Kennzahlensteckbrief‘ näher beschrieben werden. Die Steckbriefe sollten unter anderem eine konkrete Definition der jeweiligen Kennzahl, die zugrundeliegende Berechnungsformel, die Erhebungsmethode, die Auswertungsfrequenz sowie die verwendeten Datenquellen enthalten.[23] Abb. 5.2 zeigt beispielhaft einen Kennzahlensteckbrief.

Besteht in einer Organisation aufgrund von Kennzahlensteckbriefen Klarheit über das Wesen einer Kennzahl, trägt dies dazu bei, eine homogene Datenerhebung zu gewährleisten.[24]

Die eingangs beschriebene Vorgehensweise zur organisationsindividuellen Ableitung geeigneter Kennzahlen kann für das Controlling digitaler Behördenkommunikation verwendet werden. Schließlich bedarf es auch im Online-Kontext – wie bei jeder klassischen Kommunikationsmaßnahme – einer klaren Zielformulierung und eines darauf abgestimmten Controllings.[25] Allerdings

---

[23] Vgl. Sass und Zerfaß (2016, S. 175 f.).
[24] Vgl. Sass und Zerfaß (2016, S. 175 f.).
[25] Vgl. Esch und Eichenauer (2016, S. 385).

sollten die verwendeten Kennzahlen den veränderten technischen Rahmenbedingungen angepasst werden.[26]

So sind für die digitalen Kommunikationsmaßnahmen für jede Wirkungsstufe aufeinander aufbauende Kommunikationsziele zu definieren und mit geeigneten Kennzahlen und Messgrößen zu ergänzen, um eine Verknüpfung von Zielen und Kennzahlen auf allen Wirkungsstufen zu ermöglichen.[27] Dazu müssen bei der Festlegung dieser Ziele und Kennzahlen die spezifischen Gesetzmäßigkeiten und Kommunikationsbedingungen berücksichtigt werden, die eine digitalisierte Kommunikation mit sich bringt. So sind alle Kommunikationsebenen in Organisationen direkt von den im Vergleich zur analogen Kommunikation veränderten technischen Abläufen betroffen.[28] Diese bringen nicht nur Erleichterungen für Bürgerinnen und Bürger, sondern auch für die Verwaltung selbst mit sich.[29] Damit sie mit den technologieinduzierten Veränderungen angemessen umgehen können, sollten Kommunikationsverantwortliche in Behörden über das nötige Fachwissen verfügen, um digitale Kommunikationsprozesse verstehen und einschätzen zu können. Dabei geht es weiterhin auch darum, die Besonderheiten der Arbeitsweise einer öffentlichen Verwaltung zu kennen.[30] Ansonsten bestünde die Gefahr, dass Sachverhalte nicht richtig verstanden und verfälscht kommuniziert werden.[31]

An dieser Stelle soll diese Herausforderung beispielhaft anhand einer fiktiv formulierten Zielsetzung einer Behörde in Bezug auf ‚Bearbeitungszeiten' dargestellt werden: Bei der Online-Kommunikation sind sehr kurze Reaktionszeiten der Regelfall und eine Antwort wird von den Online-Nutzern von behördlichen Angeboten zum Teil innerhalb weniger Stunden erwartet.[32] Dadurch wäre zum

---

[26] Vgl. Hirsch et al. (2018, S. 64).
[27] Vgl. Huhn und Sass (2011, S. 13).
[28] Vgl. Stieglitz und Wiencierz (2022, S. 289).
[29] Vgl. Schulz (2019a, S. 160).
[30] Vgl. Preis (2018, S. 71 f.).
[31] Vgl. Hirsch et al. (2018, S. 15).
[32] Vgl. Schulz (2019b, S. 594 ff.).

Beispiel ein von einer Behörde formuliertes Ziel der ‚Grundsätzlichen Bearbeitung von Bürgeranfragen innerhalb von 7 bis 10 Arbeitstagen' im Rahmen der Online-Kommunikation als ungeeignet zu bewerten und anzupassen.

Für die Erfassung digitaler Kommunikationsräume existieren zwar zahlreiche Kennzahlen, allerdings erscheinen diese zum Teil nur bedingt für den Einsatz in Behörden geeignet.[33] Daher werden für die Steuerung der digitalisierten Behördenkommunikation spezifische Kennzahlen benötigt bzw. müssen die bisher in vor allem privatwirtschaftlichen Organisationen verwendeten Kennzahlen an die Anforderungen von Behörden angepasst und weiterentwickelt werden.[34] Wie dies in der Praxis aussehen könnte, wird im weiteren Verlauf dieses Buches unter anderem in Abschn. 6.2 sowie anhand des sogenannten ‚Three Places Modells' dargestellt. Im Rahmen eines Praxisbeispiels des Bayerischen Staatsministeriums des Innern, für Sport und Integration wird außerdem ein spezifisches Kennzahlenset gezeigt, das sich auf das Controlling der digitalen Öffentlichkeitsarbeit während der Corona-Pandemie bezieht.

5.2 Sicherstellung der Datenintegrität bei steigenden Datenmengen

Wie in den vorangegangenen Abschnitten erläutert wurde, kann auf Basis eines umfassenden Kommunikationscontrollings der Wertbeitrag von Kommunikationsaktivitäten zum Erfolg einer Organisation mittels Kennzahlen gemessen und dokumentiert werden. Allerdings ist nicht der bloße Kennzahlennachweis das eigentliche Ziel des Kommunikationscontrollings, sondern dabei geht es vielmehr um die Erhöhung der Steuerungsfähigkeit einer Organisation.[35] Folglich sollten Kommunikationskennzahlen so aufbereitet werden, dass sie als Grundlage

---

[33] Vgl. Rolke (2016, S. 45 f.).
[34] Vgl. Hirsch und Oberleitner (2020, S. 13 f.).
[35] Vgl. Rolke et al. (2022, S. 610 f.).

für Entscheidungs- und Steuerungsprozesse in den jeweiligen Behörden dienen können.[36]

Dies führt dazu, dass für unterschiedliche Zielsetzungen und Kommunikationsmaßnahmen die entsprechenden Messgrößen und Messverfahren gezielt ausgewählt werden müssen.[37] Eine solche Fokussierung auf geeignete und belastbare Kennzahlen hat auch eine strategische Relevanz für die Kommunikationsfähigkeit einer Organisation. Schließlich sollte die der Bereitstellung von Kennzahlen zugrundeliegende Datenerhebung nicht primär zum Ziel haben, ein empirisches, vollständiges Bild über sämtliche Kommunikationsbeziehungen einer Organisation zu erstellen, sondern es geht vor allem darum, die entscheidenden Wirkungszusammenhänge von Kommunikationsmaßnahmen auf die Kommunikationsziele der Organisation sichtbar zu machen.[38] Vor allem in Bezug auf digitale Kommunikationsmaßnahmen kommen auf Behörden unter anderem aufgrund der dadurch gestiegenen Datenmengen neue Aufgaben zu, die im Folgenden erläutert werden.[39]

So können Verwaltungen mittlerweile aufgrund neuer technischer Möglichkeiten und der Zunahme an Datenquellen zahlreiche digitale verwaltungsinterne und -externe Daten – typischerweise in verdichteter und aufbereiteter Form – zur Behördensteuerung nutzen und auch verschiedene automatisierte Analyseverfahren anwenden.[40] Aufgrund der Flut an Daten ist es wichtig, den Überblick zu behalten und festzulegen, welche Daten tatsächlich ausgewertet werden sollen, um – ebenfalls in verdichteter und aufbereiteter Form – aussagekräftige Informationen als Basis für Entscheidungen zu erhalten.

In diesem Zusammenhang soll auf den Begriff ‚Big Data' eingegangen werden, der in Bezug auf digitale Kommunikationsmaßnahmen einen immer größeren Stellenwert erhält.[41] Mittels sehr großer Datenmengen

---

[36] Vgl. Hirsch et al. (2018, S. 16).
[37] Vgl. Storck (2016, S. 408).
[38] Vgl. Rolke et al. (2022, S. 610 f.).
[39] Vgl. Weber (2017, S. 150).
[40] Vgl. Hirsch und Oberleitner (2020, S. 10 f.).
[41] Vgl. Scholz (2017, S. 38 ff.).

(‚Big Data‘) ist unter anderem eine automatisierte Evaluation von Kommunikationsmaßnahmen sowie die Analyse der Wahrnehmung und des Verständnisses der vermittelten Botschaften bei den Zielgruppen möglich. Zudem können die Nutzungsgewohnheiten von Medien und Kanälen tiefergehend analysiert werden, um die relevanten Anspruchsgruppen besser erreichen zu können.[42]

Die Möglichkeiten von ‚Big Data‘ lassen sich nicht nur für die externe, sondern auch für die interne Kommunikation nutzen. Für den dynamischen Begriff ‚Big Data‘ gibt es allerdings keine konkreten Richtwerte für die Menge an Daten, die notwendig ist, um diese als ‚Big Data‘ zu bezeichnen.[43] Allgemein kann jedoch festgehalten werden, dass ‚Big Data‘ eine innovative Dateninfrastruktur erfordert, um die rechenintensive Generierung, Speicherung, Verwaltung und Analyse von großen Datenmengen aus beliebigen Datenquellen mit unterschiedlichen Formaten, Strukturen und Semantik zu ermöglichen.[44]

Kommunikatoren und Kommunikationscontroller sollten sich der Potenziale und Herausforderungen großer Datenmengen bewusst werden und die dazugehörigen technischen und analytischen Ressourcen und Fähigkeiten vorhalten.[45] So ermöglicht ‚Big Data‘ beispielsweise den Einsatz künstlicher Intelligenz (KI) in der Kommunikation, zu der zum Beispiel sogenannte ‚Social Bots‘ gehören.[46] ‚Social Bots‘ wurden insbesondere in Bezug auf die mögliche Manipulation der öffentlichen Meinung im Vorfeld von politischen Ereignissen bekannt und stellen damit eine direkte Gefahr für die Datenintegrität dar.[47] Dies ist eine neue Herausforderung mit besonderer Relevanz für Behörden, da diese in hohem Maße mit diesen Manipulationsmöglichkeiten konfrontiert werden können.

---

[42] Vgl. Stieglitz und Wiencierz (2022, S. 296).

[43] Vgl. Scholz (2017, S. 9 ff.).

[44] Vgl. Stieglitz und Wiencierz (2022, S. 291 f.).

[45] Vgl. Stieglitz und Wiencierz (2022, S. 296 f.).

[46] Künstliche Intelligenz kann als die Fähigkeit eines Systems definiert werden, externe Daten korrekt zu interpretieren, aus diesen Daten zu lernen und diese zu nutzen, um bestimmte Ziele und Aufgaben durch flexible Anpassung zu erreichen; vgl. Stieglitz und Wiencierz (2022, S. 302).

[47] Vgl. Stieglitz und Wiencierz (2022, S. 303 f.).

So ist es möglich, dass ‚Social Bots' in Kommunikationsprozesse zwischen Behörden und den Bürgerinnen und Bürgern eingreifen und dadurch die Leistungsmessungen und Ergebnisbetrachtungen für Kommunikationsmaßnahmen einer Behörde verfälschen. Damit solche Manipulationsversuche erkannt werden, sind ein hohes Maß an Fachwissen und eine fundierte Medienkompetenz bei den zuständigen Mitarbeiterinnen und Mitarbeitern erforderlich.[48]

Aus der Auswertung von ‚Big Data' resultierende Kennzahlensysteme dürfen nicht überfrachtet und der Aufwand ihrer Erhebung sollte so gering wie möglich gehalten werden, um sogenannte „Datenfriedhöfe" zu vermeiden.[49] Es ist zu erwarten, dass die im Zuge der Digitalisierung entstehenden Datenmengen in Behörden weiter zunehmen werden. Daher ist es für die öffentliche Verwaltung wichtig, den Umgang mit diesen großen Datenmengen zu erlernen und zu institutionalisieren.[50]

Neue Methoden und Technologien, die – wie beispielsweise Social-Media-Analytics – auf großen Datenmengen basieren, leisten hierbei Unterstützung, indem sie die Nutzung kennzahlenbasierter Steuerungssysteme vereinfachen und es durch die automatisierte Datensammlung möglich wird, zusätzliche aussagekräftige Kennzahlen zu bilden.[51]

Im Zuge dieser Entwicklung stellt sich die Frage, wie Führungskräfte und die Belegschaft in den Verwaltungen mit den zunehmenden Datenmengen digitalisierter Kommunikation umgehen sollen. Kommunikationsverantwortliche werden mit der Aufgabe konfrontiert, die neuen Möglichkeiten der Datensammlung und -auswertung zu prüfen und dabei aber auch im Blick zu behalten, inwiefern sich die Spielregeln für digitale Kommunikationsräume verändern.[52] Dazu gehört zum Beispiel auch, sich bereits im Vorfeld über die bei der

[48] Vgl. Hill (2020, S. 80 f.).
[49] Vgl. Hirsch et al. (2018, S. 132).
[50] Vgl. Stieglitz und Wiencierz (2022, S. 302).
[51] Vgl. Hirsch et al. (2018, S. 132).
[52] Vgl. Stieglitz und Wiencierz (2022, S. 289 ff.).

Analyse anzuwendenden Methodiken Gedanken zu machen, um die Daten in erkenntnisbringender Form zu sammeln und aufzubereiten.[53]

Grundsätzlich gilt, dass eine sinnvolle Datenanalyse nur erfolgen kann, wenn sichergestellt ist, dass die auszuwertenden Daten die notwendige Qualität aufweisen, um zur Bildung geeigneter Kommunikationskennzahlen beizutragen.[54] Datenqualität in Bezug auf die sogenannte Datenintegrität bedeutet, dass die Datenauswertung und anschließende Kennzahlenbildung reliabel und valide erfolgt. Reliabilität meint in diesem Zusammenhang die Zuverlässigkeit der Datenauswertung. Wiederholt man eine Auswertung, sollte man das gleiche Ergebnis erzielen können.[55] Validität – auch als ‚Gültigkeit‘ beschrieben – stellt sicher, dass man das misst, was man messen will.[56]

Damit bei digitalen Kommunikationsmaßnahmen und der damit gestiegenen Menge an generierten Daten ein hohes Maß an Datenintegrität gewährleistet werden kann, sollte eine Datenbereinigung stattfinden. Dazu gehört zum Beispiel, dass sogenannte ‚Ausreißer‘, Inkonsistenzen, Mess- und Übertragungsfehler oder systematische Fehler durch falsch programmierte Algorithmen zur Datengenerierung erkannt und beseitigt werden.[57] Nur wenn die gesammelten Daten – bezogen auf die zugrundeliegenden Zielsetzungen – valide und reliabel erhoben wurden, können mit ihnen wertschöpfende Analysen durchgeführt und belastbare Kennzahlen gebildet werden.[58]

Nach der Datenbereinigung ist bei der Datensammlung und -aufbereitung für digitale Kommunikationsmaßnahmen die sogenannte ‚Datentransformation‘ ein wichtiger Schritt. Diese hat die Datenreduzierung zum Ziel, indem aus den Rohdaten die benötigten Datenstrukturen extrahiert werden, um diese für die Bildung aussagekräftiger Kennzahlen zu nutzen.[59]

---

[53] Vgl. Stieglitz und Wiencierz (2022, S. 298).
[54] Vgl. Stieglitz und Wiencierz (2022, S. 300).
[55] Vgl. Brosius und Koschel (2003, S. 71 ff.).
[56] Vgl. Brosius und Koschel (2003, S. 71 ff.).
[57] Vgl. Stieglitz und Wiencierz (2022, S. 294 f.).
[58] Vgl. Stieglitz und Wiencierz (2022, S. 294 f.).
[59] Vgl. Stieglitz und Wiencierz (2022, S. 295).

Die Datenreduzierung ist aufgrund der rasant steigenden Mengen an Daten, die in digitalen Kommunikationsräumen gesammelt werden können, Voraussetzung dafür, passende Werte aus der Informationsflut herauszufiltern, die empirisch validierte Rückschlüsse auf den Wertschöpfungsbeitrag von Kommunikationsmaßnahmen erlauben.[60]

Zusammenfassend lässt sich feststellen, dass für das Controlling digitaler Behördenkommunikation trotz steigender Datenmengen die Datenintegrität in jedem Fall auch zukünftig sichergestellt werden muss. Gleichzeitig sollte hinterfragt werden, ob durch größere Datensammlungen überhaupt ein höherer Erkenntnisgewinn vorhanden ist.[61] Wird das Datenmaterial lediglich zum Selbstzweck erhoben, besteht die Gefahr, dass „Datenfriedhöfe" entstehen, die keinen echten Mehrwert für das Kommunikationscontrolling bieten.[62] Hinzu kommen wirtschaftliche Aspekte: Wenn das Datenvolumen steigt und die Erfassung und Auswertung der Daten aufwendiger wird, könnten für die Datenauswertung enorme finanzielle und personelle Ressourcen benötigt werden. Dabei gilt es, das Kosten-Nutzen-Verhältnis von mit Steuergeldern finanzierten Maßnahmen des Kommunikationscontrollings jeweils abzuwägen.[63]

5.3 Gewährleistung der Datenaktualität bei der Nutzung digitaler Kommunikationsmittel

Eine weitere Veränderung bei der Leistungsmessung digitalisierter Kommunikationsprozesse kommt auf Behörden in Bezug auf den sinnvollen Zeitpunkt und den zu betrachtenden Zeitraum ihrer Auswertungen zu.

---

[60] Vgl. Esch und Eichenauer (2016, S. 401).
[61] Vgl. Esch und Eichenauer (2016, S. 386 f.).
[62] Vgl. Hirsch et al. (2018, S. 16).
[63] Vgl. Weber (2017, S. 156).

Aufgrund der digitalen Möglichkeiten stehen Daten vermehrt auch in Echtzeit zur Verfügung.[64] Dies liegt unter anderem daran, dass durch die stetige technische Weiterentwicklung der Datenmanagement- und Datenanalysesysteme auch größere und verschiedenartige Datenmengen in kürzester Zeit generiert und ausgewertet werden können – gerade die im vorangegangenen Abschnitt beschriebenen ‚Big Data'-Technologien bieten hierfür ein großes Potenzial.[65] Damit aussagekräftige und aktuelle Kennzahlen für das Kommunikationscontrolling erstellt werden können, sollten aufgrund der hohen Geschwindigkeit, mit der die digitalen Daten produziert werden, die daraus gebildeten Kennzahlen auch möglichst schnell, im Idealfall auch in Echtzeit, berechnet und den Adressaten zur Verfügung gestellt werden.[66]

Kommunikationscontroller in Behörden sollten folglich die Bereitstellung von Kommunikationscontrolling-Kennzahlen und das dazugehörige Reporting diesem erhöhten Tempo der Datengenerierung anpassen, um die Aktualität der Controlling-Informationen auch bei steigenden Datenmengen sicherzustellen.[67] In den bisher in der öffentlichen Verwaltung verwendeten Controlling-Ansätzen wurden diese Entwicklungen jedoch nur eingeschränkt abgebildet.[68] Ein nur auf die Vergangenheit bezogenes Berichtswesen über Kommunikationsmaßnahmen, das – wie in Behörden häufig üblich – wenn überhaupt mehrmals wöchentlich, beispielsweise in Form eines Medienspiegels, erfolgt, kann die Schnelligkeit der digitalen Kommunikationswelt nicht mehr adäquat abbilden.[69]

Stattdessen ist es notwendig geworden, dass Behörden auch Online-Veröffentlichungen möglichst in Echtzeit beobachten und dabei berücksichtigen, dass digitale Kommunikation – zum Beispiel in sozialen Netzwerken – permanent und ohne Unterbrechung erfolgt.[70]

---

[64] Vgl. Hirsch und Oberleitner (2020, S. 10).
[65] Vgl. Stieglitz und Wiencierz (2022, S. 291 ff.).
[66] Vgl. Stieglitz und Wiencierz (2022, S. 300).
[67] Vgl. Hirsch und Oberleitner (2020, S. 10).
[68] Vgl. Hirsch et al. (2018, S. 15).
[69] Vgl. Weber (2017, S. 155 ff.).
[70] Vgl. Preis (2018, S. 70).

Dadurch kommt der kontinuierlichen Medienbeobachtung und -analyse eine große Bedeutung zu, um die Beiträge der Nutzer stets aktuell in ihrer Anzahl und Tonalität einschätzen zu können.[71] Hierbei helfen Applikationen wie zum Beispiel Social-Media-Dashboards, die es ermöglichen, Daten in Echtzeit darzustellen.[72]

Bei der Beobachtung der digitalen Medienresonanz kann zwischen ‚Measurement' und ‚Monitoring' unterschieden werden. ‚Measurement' bezieht sich auf die Erfolgskontrolle einer konkreten Kommunikationsmaßnahme, während das sogenannte ‚Monitoring' auf die regelmäßige Überwachung von Kommunikationsleistungen abzielt.[73] Ein aktuell gehaltenes Monitoring von digitalen Kommunikationsmaßnahmen bedeutet in diesem Zusammenhang allerdings auch, dass zur Kontrolle des Online-Geschehens gegebenenfalls ein Wochenenddienst in den Behörden eingeführt werden müsste.[74] Dies liegt an der Besonderheit, dass die Aktivität von Internetnutzern, zum Beispiel in sozialen Netzwerken, am Wochenende höher ist, als an den restlichen Wochentagen.[75] Auch Bürgeranfragen in Onlineportalen können beispielsweise durch Chatbots, deren Funktionsweise auf künstlicher Intelligenz beruht, rund um die Uhr bearbeitet werden.[76] Um das Online-Monitoring möglichst aktuell zu halten, ist es erforderlich, dass Behörden die technischen Voraussetzungen dafür schaffen und geeignete IT-Lösungen zum Zweck der Datensammlung und -auswertung in Echtzeit zur Verfügung stellen[77], aber auch die notwendigen personellen Ressourcen bereithalten.[78]

Das Kommunikationscontrolling im Online-Bereich sollte auch über ein Frühwarnsystem verfügen, da es insbesondere in Bezug auf eine mögliche Krisenkommunikation wichtig ist, potenzielle Probleme

[71] Vgl. Schulz (2019b, S. 600).
[72] Vgl. Stieglitz und Wiencierz (2022, S. 300).
[73] Vgl. Esch und Eichenauer (2016, S. 400 ff.).
[74] Vgl. Preis (2018, S. 70).
[75] Vgl. Esch und Eichenauer (2016, S. 402).
[76] Vgl. Stieglitz und Wiencierz (2022, S. 305).
[77] Vgl. Stieglitz und Wiencierz (2022, S. 300).
[78] Vgl. Preis (2018, S. 70).

frühzeitig zu erkennen und darauf angemessen zu reagieren.[79] Da sich bei der Online-Kommunikation negative Reaktionen durch sogenannte Multiplikatoreffekte rasant verbreiten können, empfehlen sich mehrmalige Überprüfungen des Kommunikationsstatus der Behörde pro Tag.[80]

Obwohl diese Auswertungen teilweise automatisiert erfolgen können, ist bei den Kommunikationsverantwortlichen ein entsprechendes Hintergrundwissen erforderlich. Dies ermöglicht es, bei der Interpretation der Auswertungen die Entwicklung einer Kommunikation in den Gesamtzusammenhang einzuordnen und diese Entwicklungen und Tendenzen richtig einzuschätzen.[81] Aufgrund des rasanten technischen Fortschritts bei der digitalen Kommunikation und den damit verbundenen Veränderungen des Kommunikationsverhaltens der Bürgerinnen und Bürger ist zu überprüfen, ob das in Behörden durchgeführte Monitoring gegebenenfalls auf eine veränderte Situation angepasst werden muss[82] – insbesondere für den Fall, wenn deutlich wird, dass das bislang verwendete Kennzahlensystem das aktuelle oder zu erwartende Kommunikationsgeschehen nur noch eingeschränkt abbilden kann.[83]

Letztendlich erlaubt eine möglichst aktuell gehaltene Auswertung von Daten über Kommunikationsvorgänge auch ein Benchmarking und -learning mit anderen Institutionen, die sich mit ähnlichen Problemstellungen konfrontiert sehen.[84] So ist es insbesondere bei digitalen Kommunikationsmaßnahmen erkenntnisgewinnend, die gemessenen Zielgrößen in Relation zu setzen, zum Beispiel mit eigenen Vergangenheitswerten oder mit Werten aus anderen Behörden.[85]

---

[79] Vgl. Preis (2018, S. 70 f.).
[80] Vgl. Esch und Eichenauer (2016, S. 399 f.).
[81] Vgl. Esch und Eichenauer (2016, S. 401).
[82] Vgl. Esch und Eichenauer (2016, S. 400 ff.).
[83] Vgl. Hirsch et al. (2018, S. 15).
[84] Vgl. Reinecke et al. (2016, S. 6).
[85] Vgl. Esch und Eichenauer (2016, S. 387 ff.).

5.4 Berücksichtigung von Datenschutz und Informationssicherheit im Rahmen des Controllings digitaler Kommunikation

Öffentliche Institutionen haben aufgrund ihrer Vorbildfunktion die besondere Pflicht, rechtskonform zu handeln – dies betrifft auch den Bereich der digitalen Kommunikation, beispielsweise in sozialen Netzwerken.[86] So gilt für Behörden das Prinzip der Legalität, welches besagt, dass sämtliche Handlungen der Verwaltung gesetzeskonform sein müssen.[87] In Bezug auf das Kommunikationscontrolling stellt sich dabei die Frage, wie sich rechtskonforme behördliche Abläufe und digitale Kommunikationsaktivitäten einer Behörde in Einklang bringen lassen – vor allem mit Blick auf die für das Kommunikationscontrolling erforderlichen Datenauswertungen.[88]

Zum besseren Verständnis werden an dieser Stelle zunächst ausgewählte Erhebungsmöglichkeiten von Daten erläutert, welche den entsprechenden Analyseverfahren des Kommunikationscontrollings zugrunde liegen können. Zur Identifikation von Internetnutzern stehen unter anderem Instrumente wie die sogenannte ‚Logfile-Analyse‘ sowie sogenannte ‚Cookies‘ bereit.[89]

Vereinfacht ausgedrückt gibt die Logfile-Analyse von automatisch erstellten Dateien, welche die Aktionen eines Web-Servers protokollieren, Auskunft über die Art und den Zeitpunkt abgerufener Dateien und zum Abrufenden.[90] Bei Cookies handelt es sich um Dateien, die ein Web-Server auf der Festplatte des jeweiligen Internetnutzers ablegt. Dadurch können zum Beispiel Informationen über besuchte Seiten, Einstellungen und Eingaben des Nutzers gesammelt werden.[91] Cookies ermöglichen auch die Betrachtung der sogenannten

---

[86] Vgl. Eggers (2020, S. 96 ff.).
[87] Vgl. Hirsch und Oberleitner (2020, S. 12).
[88] Vgl. Kocks et al. (2020, S. 3).
[89] Vgl. Tropp (2019, S. 273).
[90] Vgl. Tropp (2019, S. 273).
[91] Vgl. Tropp (2019, S. 273).

IP-Adresse des die Informationen abrufenden Rechners, welche auf dem Internetprotokoll (IP) basiert.[92] Auch dies lässt Rückschlüsse auf das kommunikative Verhalten des Nutzers des Rechners zu.[93]

Über diese und weitere Analysewerkzeuge ist es möglich, das Verhalten von Internetnutzern zu verfolgen und Klicks, Verweildauern oder Downloads zu analysieren, um die Wirkung von Kommunikationsmaßnahmen gezielt auswerten zu können.[94] Über das Zusammenspiel von IP-Adresse und Cookies lassen sich gegebenenfalls noch tiefergehende Analysen durchführen – insbesondere in Bezug auf die Nutzung von Social-Media-Kanälen.

So erlaubt es die Betrachtung von Nutzer-Profilen in sozialen Netzwerken unter anderem, Rückschlüsse auf das Geschlecht, das Alter, den Beziehungsstatus, die Herkunft oder auch den Wohnort und Beruf eines Nutzers zu ziehen.[95]

Die Nachverfolgung von Internetaktivitäten ist teilweise an die Zustimmung der Nutzer gebunden.[96] So gibt es aufgrund gesetzlicher Regelungen für Nutzer die Möglichkeit, Cookies abzulehnen oder sie von der Festplatte zu löschen.[97] Dies kann zu verzerrten Ergebnissen bei der Datenerhebung führen. Doch auch wenn den Cookies zugestimmt wird, könnte es sich letztendlich um verschiedene Personen handeln, die das gleiche Gerät benutzen.[98] So kann sich hinter einer IP-Adresse ein Multi-User-Access verbergen, sodass mehrere Nutzer die gleiche Adresse nutzen. Außerdem ist bei der Logfile-Analyse zu beachten, dass Internet Service Provider auch dynamische IP-Adressen vergeben können,

---

[92] Vgl. Tropp (2019, S. 273).

[93] Vgl. Esch und Eichenauer (2016, S. 388).

[94] Vgl. Esch und Eichenauer (2016, S. 388).

[95] Vgl. Esch und Eichenauer (2016, S. 392). Bei diesen persönlichen Angaben könnte es sich jedoch auch um bewusste Falschangaben des Nutzers handeln, weshalb diese Informationen gegebenenfalls nur eingeschränkt für eine Datenerhebung genutzt werden können; vgl. dazu Tropp (2019, S. 273).

[96] Vgl. Esch und Eichenauer (2016, S. 391).

[97] Vgl. Tropp (2019, S. 273).

[98] Vgl. Esch und Eichenauer (2016, S. 391).

sodass ein Nutzer gegebenenfalls nicht dauerhaft über eine bestimmte IP-Adresse identifizierbar bleibt.[99]

Ein gutes Verständnis über diese technischen Bedingungen und deren Berücksichtigung bei der Datenauswertung sind Voraussetzungen für die Bildung aussagekräftiger Kennzahlen im Rahmen des Kommunikationscontrollings von Behörden. Sollten Kommunikationsverantwortliche in öffentlichen Institutionen nicht über diese Expertise verfügen, ist es empfehlenswert, Auswertungen mit Unterstützung externer Experten durchzuführen.[100] Eine solche Unterstützung wäre bereits beim Zukauf technischer Auswertungstools hilfreich; darüber hinaus ist beim Fehlen eigener Expertise zu überlegen, ob der gesamte Analyseprozesses an Drittanbieter verlagert werden sollte.[101] Dabei handelt es sich in der Regel um für den Online-Bereich spezialisierte Dienstleister, die im Auftrag von Behörden die statistische Aufbereitung und eine erste Interpretation der Auswertungsergebnisse übernehmen könnten.[102]

Unabhängig davon, ob ein interner oder externer Ansatz zur Datengenerierung und -auswertung gewählt wird, müssen sich Kommunikationsverantwortliche in Behörden bei der Datensammlung, -verarbeitung und -analyse damit auseinandersetzen, wie das gewählte Vorgehen mit Aspekten der Datensicherheit und des Datenschutzrechts in Einklang gebracht werden kann.[103]

In jedem Fall sollte von der Behörde sichergestellt werden, dass ihre Datenauswertung dem geltenden Recht entspricht.[104] So sind die Anbieter von Online-Diensten laut Gesetz beispielsweise verpflichtet, darüber zu informieren, welche Daten von ihnen gesammelt, verwendet und an Dritte übermittelt werden. Darüber hinaus müssen Internetnutzer über ihre Rechte zur Auskunft, Korrektur und Löschung von Daten aufgeklärt werden, zum Beispiel in Form einer

---

[99] Vgl. Tropp (2019, S. 273).

[100] Vgl. Kocks et al. (2020, S. 3).

[101] Vgl. Esch und Eichenauer (2016, S. 400).

[102] Vgl. Preis (2018, S. 70).

[103] Vgl. Hill (2020, S. 80).

[104] Vgl. Stieglitz und Wiencierz (2022, S. 307).

Datenschutzerklärung. Die Rechtsgrundlage hierfür bildet unter anderem das sogenannte Telekommunikation-Telemedien-Datenschutz-Gesetz (TTDSG), das im Dezember 2021 in Deutschland in Kraft getreten ist.[105] Digitale Kommunikation wird darüber hinaus noch durch zwei weitere Gesetze maßgeblich geprägt: die Datenschutzgrund-verordnung (DSGVO) und das Bundesdatenschutzgesetz (BDSG). Diese Gesetze bestimmen beispielsweise die rechtmäßige Datenver-arbeitung und regeln die Sanktionsmöglichkeiten bei Verstößen.

Werden in Behörden Auswertungen für das Controlling digitaler *interner* Kommunikationsmaßnahmen durchgeführt, ist es aufgrund des Schutzes sensibler Mitarbeiterdaten darüber hinaus notwendig, die Personalvertretung hinzuzuziehen.[106]

Auch bei der Analyse von Daten aus sozialen Netzwerken gilt es für die öffentliche Verwaltung, einige Besonderheiten zu beachten. Zwar teilen Social-Media-Nutzer ihre Informationen größtenteils bereitwillig und öffentlich zugänglich auf den jeweiligen Plattformen, allerdings ist ihnen gegebenenfalls nicht bewusst, dass diese Daten zum Beispiel auch von einer Behörde ausgewertet werden können.

Obwohl die Nutzer den Allgemeinen Geschäftsbedingungen der Netzwerke zugestimmt haben, erscheint es aus medienethischen Gesichtspunkten diskussionswürdig, ob staatliche Institutionen auf diese Daten vollumfänglich zurückgreifen sollen.[107] Hinzu kommt, dass die Account-Inhaber – also zum Beispiel eine Behörde, die einen eigenen Auftritt in einem sozialen Netzwerk betreibt – selbst nur einen geringen Einfluss auf die Verarbeitung der Besucherdaten durch den jeweiligen Social-Media-Betreiber nehmen können. Nach einer Rechtsprechung des Europäischen Gerichtshofs sind Inhaber von Social-Media-Accounts gemeinsam mit dem Betreiber eines sozialen Netzwerks datenschutzrechtlich verantwortlich für die Rechtskonformi-tät der Datenerfassung und -analyse und schließen gemäß der Daten-schutzgrundverordnung (vgl. Art. 26 DSGVO) eine ‚Vereinbarung

---

[105] Vgl. Pein (2019, S. 364 ff.).
[106] Vgl. Stieglitz und Wiencierz (2022, S. 307).
[107] Vgl. Stieglitz und Wiencierz (2022, S. 305 f.).

über die gemeinsame Verantwortlichkeit'.[108] Dies wirft die Frage auf, ob Behörden ohne eine hinreichende Kenntnis über die tatsächlichen Datenverarbeitungsaktivitäten der jeweiligen Netzwerkbetreiber überhaupt in der Lage sind zu bewerten, ob diese rechtskonform durchgeführt werden.[109] Vollständig auf einen Auftritt in den sozialen Netzwerken zu verzichten und dadurch Bürgerinnen und Bürger mit den eigenen Kommunikationsmaßnahmen gegebenenfalls nicht mehr erreichen zu können, erscheint heutzutage allerdings nicht praktikabel und entspricht nicht der gesellschaftlichen Erwartungshaltung.[110]

Ein Lösungsansatz für diese Problematik könnte eine enge Zusammenarbeit der öffentlichen Verwaltung mit Experten aus dem Datenschutzrecht sowie eine gezielte Auswahl der von den Institutionen genutzten Social-Media-Plattformen sein, damit Datenauswertungen im Rahmen des Kommunikationscontrollings den geltenden datenschutzrechtlichen Vorgaben entsprechen. Dafür können beispielsweise auch Verfahren der Anonymisierung und Pseudonymisierung sowie der Synthetisierung von Daten angewendet werden.[111]

Schlussendlich könnten Aspekte des Datenschutzes und der Informationssicherheit sogar ein eigenständiges Betrachtungsobjekt im Rahmen des Kommunikationscontrollings in Behörden sein. Wie bereits erläutert, bestehen für öffentliche Institutionen bei einem digitalen Datenaustausch und der dazugehörigen Datenverarbeitung bestimmte Mindestanforderungen für den Datenschutz und die Informationssicherheit. Diese orientieren sich unter anderem auch am IT-Grundschutz des Bundesamts für Sicherheit in der Informationstechnik (BSI).

Eine Erfolgskontrolle im Rahmen des Kommunikationscontrollings könnte sich folglich auch auf die Wirkung von Sicherheitsmaßnahmen, die Einhaltung datenschutzrechtlicher Vorgaben, die lückenlose Umsetzung von Sicherheitskonzepten und deren Messbarkeit beziehen.

---

[108] Vgl. Eggers (2020, S. 96 f.).
[109] Vgl. Eggers (2020, S. 96 f.).
[110] Vgl. Kocks et al. (2020), S. 3).
[111] Vgl. Stieglitz und Wiencierz (2022, S. 307).

Auch dafür könnten spezifische Kennzahlen zur Einhaltung des Datenschutzes und der Informationssicherheit entwickelt werden.[112]

5.5 Einbindung des Kommunikationscontrollings in ein integriertes Steuerungsmodell für Behörden

Wie in diesem Buch bereits beschrieben wurde, sollte die
Kommunikationsstrategie einer Organisation im Rahmen eines
mehrstufigen Prozesses mit der übergeordneten Gesamtstrategie der
Organisation verbunden werden.[113] Dadurch wird es auch möglich, die
Resultate der Kommunikationsarbeit in die Planungs-, Steuerungs- und
Berichtsprozesse der Organisation einfließen zu lassen.[114]

Falls die kommunikativen Aktivitäten nicht in diese Prozesse
integriert werden oder auch nicht anschlussfähig sein sollten, können
zwar Messwerte für den Kommunikationserfolg erhoben werden,
allerdings lässt sich aus diesen dann nicht ableiten, welche Effekte die
Kommunikationsmaßnahmen für die Organisation als Ganzes haben.[115]

Für die Verknüpfung von Organisations- und Kommunikationsstrategie erweist sich, wie bereits in Abschn. 5.1 dargestellt, die
Ableitung geeigneter Kennzahlen als hilfreich. Untersuchungen
haben allerdings gezeigt, dass die Berechnung und Verwendung von
Kommunikationskennzahlen in der betrieblichen Praxis unterschiedlich gehandhabt werden. Die Bandbreite reicht von einer zufälligen
Anhäufung operativer Daten bis hin zu integrierten, kennzahlen-
basierten Steuerungssystemen mit konsequentem Zielbezug. Als ziel-
führend hat sich in der Praxis jedoch nur Letztgenanntes erwiesen.[116]

---

[112]Vgl. Hirsch und Oberleitner (2020, S. 12).

[113]Vgl. Sass und Zerfaß (2016, S. 170).

[114]Vgl. Storck (2016, S. 417).

[115]Vgl. Storck (2016, S. 410 ff.).

[116]Vgl. Sass und Zerfaß (2016, S. 174).

Soll ein kennzahlenbasiertes Steuerungssystem für die Kommunikationsaktivitäten etabliert werden, ist auf eine grundsätzliche Anschlussfähigkeit des kommunikationsbezogenen Steuerungssystems an organisationsweite, hierarchieübergreifende Systeme zu achten, um eine konsequente zielorientierte Steuerung der Gesamtorganisation sicherstellen zu können. Eine leistungsorientierte Steuerung wird auch als ‚Performance Management' bezeichnet.[117] Grundlage eines wirksamen ‚Performance Managements' ist ein konsistentes ‚Performance Measurement System'.[118] Der Schwerpunkt eines solchen Systems liegt auf der Erarbeitung eines adäquaten Kennzahlensets für die Leistungsmessung.[119] Hierfür werden mehrere Kennzahlen sinnvoll miteinander zu einem Kennzahlensystem verknüpft.[120] Dabei sollten die spezifischen Gegebenheiten einer Organisation ebenso berücksichtigt werden wie die Art der zu messenden Teilaufgaben, zum Beispiel digitale Kommunikationsaufgaben, um ein den jeweiligen Bedürfnissen einer Organisation und deren Aufgaben angepasstes Steuerungs- und Bewertungssystem zu entwickeln.[121]

So gibt es für die Implementierung eines ‚Performance Measurements' für Kommunikationsleistungen folglich keine standardisierte, allgemeingültige Lösung, sondern dieses muss organisationsabhängig individuell definiert werden.[122] Es lässt sich festhalten, dass im Ergebnis ein geeignetes und ausgewogenes Kennzahlensystem entwickelt werden sollte, das die Steuerungsmöglichkeiten und die Performance der digitalen Kommunikation erhöht.[123]

Aufgrund der spezifischen Anforderungen haben sich in der Kommunikationspraxis maßgeschneiderte Konzepte für das strategische und operative ‚Performance Measurement' herauskristallisiert, die

---

[117] Vgl. Reinecke et al. (2016, S. 5).
[118] Vgl. Reinecke et al. (2016, S. 5).
[119] Vgl. Gleich und Robers (2016, S. 140 f.).
[120] Vgl. Hirsch et al. (2018, S. 12).
[121] Vgl. Huhn und Sass (2011, S. 11).
[122] Vgl. Gleich und Robers (2016, S. 141 f.).
[123] Vgl. Huhn und Sass (2011, S. 16).

von einfachen Kosten-, Zeit- und Qualitätskennzahlen bis hin zu komplexen softwaregestützten Modellen reichen.[124]

In Verwaltungen existieren in der Regel bestimmte Kulturen der Behördensteuerung und etablierte Prozesse. Sollten sich – beispielsweise auf Basis veränderter Rahmenbedingungen durch digitale Kommunikationsmaßnahmen – veränderte Anforderungen an die Behördensteuerung (zum Beispiel aufgrund geringerer Reaktionszeiten der Behörde) ergeben, ist es wichtig, diese in die bestehenden Steuerungsprozesse einzubinden.[125]

Falls bereits ein Kennzahlensystem zur Steuerung und Leistungsmessung in einer Organisation eingeführt wurde, sollte ein neu zu entwickelndes Kennzahlensystem für Kommunikationsmaßnahmen in dieses integriert werden können.[126]

An dieser Stelle wird hierzu beispielhaft das Modell der ‚Balanced Scorecard‘ (BSC) vorgestellt, welches ein ausgewogenes kennzahlenbasiertes Managementsystem darstellt, das sowohl monetäre als auch nicht-monetäre Ziele von Organisationen berücksichtigt.[127] Dieser ursprünglich aus der Privatwirtschaft stammende Steuerungsansatz wird auch der komplexen Zielstruktur von Behörden gerecht: Ein Nebeneinander von finanziellen und nicht-finanziellen Zielen und Kennzahlen ist für öffentliche Institutionen typisch, da sie primär nicht-monetäre Ziele verfolgen, aber auch die Wirtschaftlichkeit ihres Handelns berücksichtigen sollten.[128]

Dank der Möglichkeit, diese verschiedenartigen Zieldimensionen zu integrieren, kann die ‚Balanced Scorecard‘ auch Kommunikationsziele abbilden und somit die Umsetzung einer Kommunikationsstrategie unterstützen.[129] Möglich wurde dies, weil das ursprünglich von Robert S. Kaplan und David P. Norton entwickelte Konzept der

---

[124]Vgl. Gleich und Robers (2016, S. 141 ff.).
[125]Vgl. Hirsch et al. (2018, S. 7).
[126]Vgl. Besson (2012, S. 75 f.).
[127]Vgl. Tropp (2019, S. 664).
[128]Vgl. Hirsch et al. (2018, S. 3 ff.).
[129]Vgl. Gleich und Robers (2016, S. 139).

‚Balanced Scorecard' seit seiner Einführung in den 1990er Jahren permanent weiterentwickelt wurde. Der Fokus liegt mittlerweile nicht mehr nur auf der Gesamtorganisation, sondern wurde auf die Projekt- und Funktionsebene ausgeweitet.[130] Es wurden auch speziell auf den Kommunikationsbereich adaptierte sogenannte ‚Communication Scorecards' entwickelt, die sich in das übergeordnete BSC-System einer Organisation integrieren lassen.[131]

‚Communication Scorecards' sind aufgrund ihrer Disposition als ‚Performance Measurement Konzept' insbesondere dazu geeignet, strategische Ziele in operative Messgrößen umzusetzen und damit eine Verbindung zwischen der Gesamt-Kommunikationsstrategie und den strategischen Kommunikationsprozessen herzustellen.[132] Im Rahmen eines Praxisbeispiels des Bayerischen Staatsministeriums des Innern, für Sport und Integration wird in Abschn. 6.6 gezeigt, wie ein spezifisches Kennzahlenset für das Controlling der digitalen Öffentlichkeitsarbeit während der Corona-Pandemie aussehen kann. Dabei beschreibt Abb. 6.8 den exemplarischen Aufbau eines auf ein bestimmtes Behördenziel adaptierten Wirkungsstufenmodells als Teil einer ‚Communication Scorecard'.

Bei der Verwendung von ‚Communication Scorecards' in Behörden sollte ein besonderes Augenmerk auf die relevanten Anspruchsgruppen der Behörde (zum Beispiel in Form eines sogenannten ‚Stakeholder-Modells') sowie auf die Wirkung und den Wertschöpfungsbeitrag der Kommunikation der Behörde zu deren Kommunikationszielen gelegt werden.[133]

Dabei ist auf eine Ausgewogenheit zwischen zu wenigen und zu vielen Steuerungsgrößen zu achten, damit es nicht zu einer selektiven Perspektive bzw. zu einer Überfrachtung des Kennzahlensystems kommt.[134] Zusammenfassend lässt sich festhalten,

---

[130] Vgl. Gleich und Robers (2016, S. 146 ff.).
[131] Vgl. Tropp (2019, S. 666).
[132] Vgl. Gleich und Robers (2016, S. 139 ff.).
[133] Vgl. Gleich und Robers (2016, S. 157 ff.).
[134] Vgl. Hirsch et al. (2018, S. 5 f.).

dass ‚Communication Scorecards' wirksame Instrumente für das strategische und operative Kommunikationscontrolling sind, die in einem integrativen Prozess die wesentlichen Leistungs- und Wirkungsziele der Kommunikation einer Organisation messbar machen, sofern diese systematisch aus der Gesamtstrategie der Organisation abgeleitet worden sind. Um ihr Potenzial für die Kommunikationssteuerung vollständig ausschöpfen zu können, sollten ‚Communication Scorecards' mit einem adressatengerechten Reporting zur Darstellung und Erläuterung der Kennzahlen ergänzt werden.[135]

Durch ein Reporting – auch Berichtswesen genannt – werden verschiedene Empfänger systematisch, strukturiert und zeitnah mit relevanten und konsistenten Informationen versorgt. Im Rahmen des Kommunikationscontrollings dient das Berichtswesen dazu, die strategische Ausrichtung der Kommunikation und die operative Kommunikationssteuerung zu verbessern und die Führungsebene über den aktuellen Kommunikationsstatus zu unterrichten.[136]

In Behörden geht von diesen Reportings vor allem dann eine verstärkte Steuerungswirkung aus, wenn die berichteten Kommunikationskennzahlen von der Behördenleitung systematisch zur Entscheidungsunterstützung und für zukünftige Planungen und gegebenenfalls auch Benchmarking verwendet werden.[137] Dabei gibt es für das Reporting in der Regel unterschiedliche Detaillierungsstufen. So ist beispielsweise das sogenannte vertikale Reporting an die Führungsebene einer Behörde adressiert und betrifft häufig die gesamte Organisation. Das sogenannte laterale Reporting bezieht sich dagegen auf die Streuung von Informationen in unterschiedliche Organisationsbereiche, um abteilungsübergreifend Transparenz zu erzeugen.[138]

Wesentlich ist dabei, dass es klare Regeln für den prozessualen Ablauf des Kommunikationsreportings gibt, damit dieses anschaulich strukturiert

---

[135] Vgl. Sass und Zerfaß (2016, S. 163).
[136] Vgl. Sass und Zerfaß (2016, S. 177).
[137] Vgl. Hirsch et al. (2018, S. 103).
[138] Vgl. Esch und Eichenauer (2016, S. 400).

und nicht überfrachtet wird.[139] So kommt Kommentierungen und Grafiken, die das Zahlenmaterial in einem Bericht ergänzen und übersichtlich darstellen, eine große Bedeutung zu.[140] Gerade die Visualisierung der Daten ist ein zentraler Bestandteil des Berichtswesens.[141] Für digitale Kommunikationsmaßnahmen bieten sich hierzu beispielsweise Darstellungen in Form von Dashboards oder Kennzahlen-Cockpits an.[142] Wie dies in der Praxis umgesetzt werden könnte, wird in Kap. 6 dieses Buches exemplarisch an einem fiktiven Behördenbeispiel dargestellt.

5.6   Blick in die Praxis: Die Balanced Scorecard als Steuerungsmodell für die Kommunikation einer Behörde am Beispiel der Kassenärztlichen Vereinigung Bayerns

Von Martin Eulitz, Leiter der Stabsstelle Kommunikation der Kassenärztlichen Vereinigung Bayerns (KVB).

Mit rund 29.000 Mitgliedern ist die Kassenärztliche Vereinigung Bayerns (KVB) die größte der 17 Kassenärztlichen Vereinigungen in Deutschland. Mitglieder der KVB sind alle Hausärzte, Fachärzte und Psychotherapeuten, die in Bayern eine Zulassung oder Ermächtigung haben, Patienten auf Kosten der gesetzlichen Krankenversicherung zu behandeln. Die KVB beschäftigt an sieben Standorten in Bayern rund 1700 Mitarbeiterinnen und Mitarbeiter und finanziert sich im Wesentlichen aus einer Verwaltungskostenabgabe, die alle Mitglieder zu entrichten haben. Als Körperschaft öffentlichen Rechts nimmt sie verschiedene Aufgaben wahr: So vertritt sie die Interessen ihrer Mitglieder gegenüber der Politik

---

[139] Vgl. Hirsch et al. (2018, S. 103).

[140] Vgl. Hirsch et al. (2018, S. 85 ff.).

[141] Vgl. Stieglitz und Wiencierz (2022, S. 301).

[142] Vgl. Rolke et al. (2022, S. 599).

und verhandelt mit den Krankenkassen über die Vergütung der ärztlichen und psychotherapeutischen Leistungen. Sie kümmert sich um die Abrechnung zwischen Praxen und Krankenkassen. Und sie stellt sicher, dass alle Menschen im Freistaat medizinisch ambulant versorgt werden – und das auch nachts sowie an Wochenenden und Feiertagen. Dafür gibt es einen eigenen Bereitschaftsdienst mit Bereitschaftspraxen sowie einem Fahrdienst, der rund um die Uhr unter der bundesweit einheitlichen Rufnummer 116117 erreichbar ist. Als eine von wenigen Kassenärztlichen Vereinigungen ist die KVB auch – gemeinsam mit den Rettungszweckverbänden – mit der Sicherstellung des Notarztdienstes in den einzelnen Regionen Bayerns betraut. Besonders in den Fokus der Öffentlichkeit gerückt ist die KVB durch die Corona-Pandemie, zu deren Bewältigung sie unter anderem mit der Beschaffung von Masken und anderer Schutzausrüstung, der Schaffung einer Test-Infrastruktur und der Unterstützung der Praxen beim Impfen wesentlich beigetragen hat.

Die Einführung einer Balanced Scorecard (BSC) in der KVB geht auf das Jahr 2011 und die komplette personelle, inhaltliche und strategische Neuausrichtung der Organisation zurück. Nach der Wahl zur Vertreterversammlung der KVB im Herbst 2010 wurden die wichtigen Funktionen in der Selbstverwaltung, wie Vorstand, Vorsitz der Vertreterversammlung und Vorstandsbeauftragte, völlig neu besetzt. Der damals neue Vorstand erarbeitete mit der Geschäftsführung und weiteren Führungskräften aus der Verwaltung der KVB eine Vision, deren Leitsatz lautete: „Gut ist, was für die Praxen unserer Mitglieder gut ist. Denn geht es unseren Mitgliedern gut, profitieren die Patienten." Dieser klare Fokus auf den Belangen der Mitglieder war auch deshalb notwendig, weil es in den Vorjahren immer wieder Ausstiegsszenarien einzelner Arztgruppen gegeben hatte und die Bindung der Mitglieder an die Körperschaft KVB stetig abgenommen hatte. Das sollte sich nun ändern, wie der Vorstand der KVB erklärte: „Wir sorgen jetzt dafür, dass der Kurs wieder ganz klar in Richtung Mitglieder und deren Interessen geht. Schließlich sind wir eine ärztlich geprägte Organisation, die stets zuallererst den Blick auf die Ärzte und Psychotherapeuten werfen sollte."

Um zu messen, ob dieser Anspruch auch wirklich in die Realität umgesetzt werden kann, entschieden sich Vorstand und Geschäftsführung für das Modell der BSC. „Das Gefühl, das wir hier alle gute Arbeit leisten, soll nun auch anhand von Zahlen und durch das Erreichen klarer Ziele dokumentiert werden", so die Geschäftsführung der KVB in einer Mitteilung an die Mitarbeiter. Die Stabsstelle Controlling wurde damit beauftragt, diese für die KVB zu implementieren und umzusetzen. Die Umsetzung begann konkret im Jahr 2013 mit dem Start von „Unser Projekt 2016 – gemeinsam für die Praxis." Dabei wurden fünf Perspektiven definiert, die für die zukünftige Ausrichtung der KVB eine entscheidende Rolle spielen sollten: Politische Gestaltung, Finanzen, Mitglieder, Prozesse und Mitarbeiter (*siehe* Abb. 5.3).

Für jede dieser Perspektiven gab es konkrete strategische Ziele, die sich möglichst auch messen lassen sollten. Das war und ist im Bereich der politischen Gestaltung sicherlich schwieriger zu realisieren als beispielsweise im Rahmen der Prozesse, bei denen sich Umgestaltung und Reifegrad doch relativ genau bestimmen lassen. Wichtig war es dem verantwortlichen Leiter der Stabsstelle Controlling, Tobias Krug,

Gemeinsam für die Praxis – Unser Weg zum Erfolg **KVB**
Strategische Landkarte der KVB

Perspektive	Strategische Ziele				
Politische Gestaltung	Stärken der Eigenverantwortlichkeit für die ärztliche und psychotherapeutische Tätigkeit				
Finanzen	Finanzen stabil halten				
	Einnahmen sichern	Effizienz steigern		Risiken steuern	
Mitglieder	Mitgliederzufriedenheit fördern				
	Dialog fortsetzen und transparent handeln	Planungssicherheit für die Mitglieder erhalten und fördern	Digitalisierung im Sinne unserer Mitglieder erschließen	Dienstleistungen an den Mitgliederbedürfnissen orientiert optimieren	Nachwuchsförderung intensivieren
Prozesse	Prozessorientiertes Denken fördern und Kernprozesse optimieren		Digitalisierung der Mitgliederprozesse vorantreiben		
Mitarbeiter	Kompetenzorientierte Führungskräfte- und Personalentwicklung	KVB als attraktiven Arbeitgeber positionieren		Mitarbeideridentifikation erhalten und fördern	

Abb. 5.3 Balanced Scorecard der Kassenärztlichen Vereinigung Bayerns (KVB)

und seinem Team vor allem, dass es nicht um ein von oben herab verordnetes Projekt geht, sondern dass die Mitarbeiterinnen und Mitarbeiter aller Fachbereiche eingebunden sind, denn, so Krug: „Wenn man in einer Organisation wie der KVB wirklich etwas verändern möchte, braucht man eine entsprechende Strategie und auch ein Programm, das nachhaltig für Veränderungen sorgt."

Als zum Jahresende 2016 das Projekt zumindest seinem Namen nach endete, zog der Vorstand der KVB ein positives Fazit: „Aus unserer Sicht hat sich das ambitionierte Vorhaben, alle Prozesse in der KVB kritisch unter die Lupe zu nehmen und in Bezug auf eine stärkere Mitgliederorientierung zu optimieren, absolut gelohnt." Eine wesentliche Erkenntnis dabei war auch, dass die strategischen Ziele teilweise noch nicht vollständig erreicht worden waren und dass inzwischen auch neue Themen in den Fokus der Ärzteschaft gerückt sind. Insofern wurde beschlossen, das Projekt für weitere sechs Jahre fortzusetzen, um die erreichten Fortschritte zu sichern und auch neue Ziele mitaufzunehmen.

Zum Jahresende 2022 und dem Projektabschluss konnten alle Beteiligten dann ein positives Fazit der neun Jahre BSC in der KVB ziehen. Projektleiter Tobias Krug formulierte dies folgendermaßen: „Die wichtigste Auswirkung ist, dass wir bei unseren Mitgliedern als moderner Dienstleister wahrgenommen werden. Im Umgang mit unseren Mitgliedern ist es von großem Vorteil, dass diese uns mittlerweile eher wohlgesonnen sind. Von unserem Fokus auf Digitalisierung profitieren langfristig alle Mitarbeiter, ebenso von der kompletten Perspektive für Mitarbeiter. Denn durch diese hat auch die KV erkannt, wie wichtig es ist, gute und motivierte Mitarbeiter zu haben."

Gerade an letzterem Punkt war auch die Stabsstelle Kommunikation der KVB sehr stark mit in das Projekt eingebunden. In der Mitarbeiter-Perspektive hatten wir die Verantwortung für diverse Teilprozesse bei den Zielen „KVB als attraktiven Arbeitgeber positionieren" und „Mitarbeiteridentifikation erhalten und fördern". Von Beginn an unterstützten wir zudem den Projektleiter und sein Team darin, die Mitarbeiterinnen und Mitarbeiter der KVB bestmöglich über das ambitionierte Vorhaben zu unterrichten. Dazu gehörten neben der Gestaltung von Grafiken und dem Verfassen diverser Texte vor allem die Herausgabe mehrerer Sonderausgaben der Mitarbeiterzeitschrift DIALOG sowie die Gestaltung eigener Werbemittel, wie Postkarten und eines entsprechend gebrandeten Halters für die Postkarten. Erklärtes Ziel war es, dass für viele Mitarbeiterinnen und Mitarbeiter, die nicht zur Führungsebene zählen oder sich mit dem Prozess- und Projektgeschäft befassen, eher abstrakte Vorhaben greifbar und verständlich zu machen. Auf vielen Fluren in den Büros der KVB hängen deshalb nach wie vor die großflächigen Ausdrucke mit der strategischen Landkarte der KVB.

Ich selbst war als Leiter der Stabsstelle Kommunikation von Beginn an in dieses Vorhaben eingebunden und von seinem Nutzen überzeugt. So unterstützte ich bei der Namensfindung ebenso wie bei der Klärung, wann und auf welchen Wegen man das Projekt und die einzelnen Teilschritte am besten an die diversen Zielgruppen, die die KVB bedient, kommunizieren kann. Dabei zeigte sich beispielsweise, dass bei diesem Projekt die Mitglieder zwar von der Ausrichtung her an erster Stelle stehen, nicht jedoch in der Kommunikation zum Projekt. Die Neugestaltung und insbesondere Digitalisierung von Verwaltungsprozessen ist zwar eine deutliche Vereinfachung für den Praxisalltag der Ärzte und Psychotherapeuten. Diese nahmen die Veränderungen auch wohlwollend auf. Die Hintergründe der Umstellung mussten allerdings weniger gegenüber den Mitgliedern kommuniziert werden, als vielmehr gegenüber den Mitarbeiterinnen und Mitarbeitern der KVB, da hier teilweise noch ein sehr traditionelles und das Bewährte bewahrendes Rollenverständnis vorherrscht.

Dass es keine eigene Perspektive ‚Kommunikation' im Rahmen der strategischen Landkarte der KVB gibt, ist aus meiner Sicht nachvollziehbar und richtig. Denn die Kommunikation zieht sich als roter Faden durch alle Perspektiven des Projekts, sei es in den regelmäßigen Reviews von Vorstand, Geschäftsführung und Projektleiter, sei es als neue Form der virtuellen Vernetzung außerhalb von herkömmlichen Abteilungsstrukturen. Die Dienstleistungen gegenüber den Mitgliedern, wie zum Beispiel die Beratungsleistung und -intensität oder auch die Akzeptanz der Rundschreiben im Mitgliederportal „Meine KVB", wurden laufend anhand von Kennzahlen analysiert. Die Ergebnisse der mehrmals durchgeführten Mitarbeiterbefragungen lieferten zudem eine geeignete Grundlage, um die Maßnahmen der strategischen Landkarte zu bewerten und bei Bedarf auch anzupassen. Von Seiten der Stabsstelle Kommunikation werteten wir zudem die Clippings nach Presseveranstaltungen oder -veröffentlichungen aus, um gerade die politische Dimension von „Unser Projekt 2016/2022" messbar zu machen. So haben auch wir von Seiten der Kommunikationsabteilung der KVB unseren Teil dazu beigetragen, dass die BSC der KVB mit Leben gefüllt und letztlich auch zu einem erfolgreichen Abschluss geführt wurde.

5.7 Was Sie aus diesem Kapitel mitnehmen können

Digitale Innovationen bestimmen zunehmend das Mediennutzungsverhalten der Bevölkerung und dies bedeutet zugleich Herausforderungen für die öffentliche Verwaltung und ihre Kommunikationsprozesse. Damit sind auch Konsequenzen für die Kommunikationssteuerung und das Kommunikationscontrolling in Behörden verbunden. Hierbei ist zu berücksichtigen, dass digitale Kommunikationswirkungen schwieriger zu prognostizieren sind, da sie permanenter Veränderung unterliegen. Für die Messung der Effektivität und Effizienz digitaler Kommunikationsmaßnahmen ist es deshalb erforderlich, neue Kennzahlensysteme zu entwickeln, die in das bereits bestehende Kommunikationscontrolling integriert werden können. Ferner sollte das dazugehörige Berichtswesen in den Behörden schneller werden. Dafür stehen Informationen häufig in Echtzeit zur Verfügung und große Datenmengen können – unter Berücksichtigung des Datenschutzes – automatisiert gesammelt werden. Letzten Endes sollte es den Behörden aber nicht nur darum gehen, zahlreiche neue Key Performance Indicators (KPI) festzulegen, sondern gezielt auszuwählen, mit welchen davon sie ihre Institution erfolgreich ausrichten können. Dazu müssten zuvor die behördeneigenen Zielsetzungen den neuen Kommunikationsbedingungen der digitalen Welt angepasst werden, damit jede Behörde ein individuelles Kennzahlensystem implementieren kann, welches dazu beiträgt, die eigenen Kommunikationsprozesse besser steuern und rasch auf Probleme reagieren zu können. Zukünftig sind in diesem Zusammenhang also Performance Measurement Systeme gefordert, die ein übergreifendes Gesamtbild über unterschiedliche digitale Kommunikationsräume ergeben und obendrein ein Benchmarking mit anderen Behörden erlauben.

Literatur

Besson, N. (2012): PR-Evaluation und Kommunikationscontrolling, Edingen-Neckarshausen.

Brosius, H.-B./Koschel, F. (2003): Methoden der empirischen Kommunikationsforschung, 2. überarb. Aufl., Wiesbaden.

Eggers, C. (2020): Quick Guide Social-Media-Recht der öffentlichen Verwaltung, Wiesbaden.

Esch, F.-R./Eichenauer, S. (2016): Verfahren zur Messung der Kommunikationswirkung im Internet und bei Social Media, in: Handbuch Controlling der Kommunikation, hrsg. von Franz-Rudolf Esch et al., 2. überarb. Aufl., Wiesbaden, S. 385–405.

Gleich, R./Robers, D. (2016): Umsetzung und Controlling einer Kommunikationsstrategie mit der Balanced Scorecard, in: Handbuch Controlling der Kommunikation, hrsg. von Franz-Rudolf Esch et al., 2. überarb. Aufl., Wiesbaden, S. 139–162.

Hill, H. (2020): Moderne Verwaltungskommunikation, in: Verständliche Verwaltungskommunikation in Zeiten der Digitalisierung, hrsg. von Rudolf Fisch et al., Baden-Baden, S. 77–96.

Hirsch, B./Oberleitner, H.-P. (2020): Kennzahlen für die Steuerung digitalisierter Behörden, in: innovative Verwaltung, 7–8/2020, S. 10–14.

Hirsch, B./Weber, J./Schäfer, F.-S. (2018): Kennzahlen als Mess- und Steuerungsinstrument in Behörden, Berlin.

Huhn, J./Sass, J. (2011): Positionspapier Kommunikations-Controlling, hrsg. von Deutsche Public Relations Gesellschaft e. V. (DPRG)/Christopher Storck/Internationaler Controller Verein e. V. (ICV), Bonn/Gauting.

Kocks, K./Knorre, S./Kocks, J. N. (2020): Verwaltung in der Öffentlichkeit: Zur Bedeutung kommunikativer Problemstellungen in den Zeiten technologisch induzierten Medienwandels, in: Öffentliche Verwaltung – Verwaltung in der Öffentlichkeit, hrsg. von Klaus Kocks et al., Wiesbaden, S. 1–11.

Pein, V. (2019): Der Social Media Manager, 3. überarb. Auflage, 1. korrig. Nachdruck, Bonn.

Preis, A. (2018): Kommunikation und ihr Controlling in der öffentlichen Verwaltung, in: Controlling & Management Review, 7/2018, S.68-72.

Reinecke, S./Janz, S./Hohenauer, R. (2016): Controlling der Marketingkommunikation: Zentrale Kennzahlen und ausgewählte Evaluationsverfahren, in: Handbuch Controlling der Kommunikation, hrsg. von Franz-Rudolf Esch et al., 2. überarb. Aufl., Wiesbaden, S. 3–26.

Rolke, L. (2016): Kommunikations-Controlling: Strategiegeleitete Steuerung mittels Wirkungsmanagement, in: Handbuch Controlling der Kommunikation, hrsg. von Franz-Rudolf Esch et al., 2. überarb. Aufl., Wiesbaden, S. 27–52.

Rolke, L./Buhmann, A./Zerfaß, A. (2022): Evaluation und Controlling der Unternehmenskommunikation, in: Handbuch Unternehmenskommunikation, hrsg. von Ansgar Zerfaß et al., 3. überarb. Aufl., Wiesbaden, S. 595–615.

Sass, J./Zerfaß, A. (2016): Communication Scorecards zur Kommunikationssteuerung und Wertschöpfung, in: Handbuch Controlling der Kommunikation, hrsg. von Franz-Rudolf Esch et al., 2. überarb. Aufl., Wiesbaden, S. 163–179.

Scholz, T. M. (2017): Big data in organizations and the role of human resource management: a complex systems theory-based conceptualization, hrsg. von Volker Stein, Frankfurt a. M.

Schulz, S. E. (2019a): Rechtlicher Rahmen der Digitalisierung und der Online-Dienste, in: Handbuch Digitale Verwaltung, hrsg. von Henning Lühr et al., Wiesbaden, S. 159–184.

Schulz, S. E. (2019b): Social Media: Einsatz in der öffentlichen Verwaltung, in: Handbuch zur Verwaltungsreform, hrsg. von Sylvia Veit et al., 5. überarb. Aufl., Wiesbaden, S. 593–604.

Stieglitz, S./Wiencierz, C. (2022): Digitalisierung, Big Data und soziale Medien als Rahmenbedingungen der Unternehmenskommunikation, in: Handbuch Unternehmenskommunikation, hrsg. von Ansgar Zerfaß et al., 3. überarb. Aufl., Wiesbaden, S. 289–309.

Storck, C. (2016): Verfahren zur Messung der PR-Wirkung, in: Handbuch Controlling der Kommunikation, hrsg. von Franz-Rudolf Esch et al., 2. überarb. Aufl., Wiesbaden, S. 407–432.

Tropp, J. (2019): Moderne Marketing-Kommunikation, 3. überarb. Aufl., Wiesbaden.

Weber, K. (2017): Wie können Behörden ihre Kommunikation evaluieren?, in: Jahrbuch der Schweizerischen Verwaltungswissenschaften, Zürich, S. 150–167.

6

Anwendung des ‚Three Places Modells' für das Controlling digitaler Kommunikation

6.1 Vorstellung des ‚Three Places Modells'

Für die Leistungsmessung digitaler Kommunikationsprozesse kann ein aus dem Kommunikationscontrolling bekanntes Wirkungsstufenmodell angewendet werden, wie es in diesem Buch in Kap. 2 vorgestellt wurde. Jedoch ist es erforderlich, dazu spezifische Analysemethoden für digitale Kommunikationsformen zu nutzen,[1] um die entsprechenden Kennzahlen in Form eines ‚Performance Measurement Systems' sinnvoll miteinander zu verknüpfen.[2] Dafür sind Erhebungsmethoden geeignet, welche die veränderten Wirkungszusammenhänge und Gesetzmäßigkeiten der digitalen Kommunikation verdichten und in ihrer Kausalität abbilden können. Eine mögliche Herangehensweise ist dabei das sogenannte ‚Three Places Modell' nach Rolke (2016).[3]

---

[1] Vgl. Rolke (2016, S. 45 ff.).
[2] Vgl. Hirsch et al. (2018, S. 12).
[3] Vgl. Rolke (2016, S. 29 ff.).

B. Grain und B. Hirsch, *Controlling digitaler Behördenkommunikation*, https://doi.org/10.1007/978-3-658-42044-4_6

Im Rahmen dieses Modells werden zunächst die drei miteinander verbundenen digitalen Kommunikationsräume – auch Webräume genannt – ‚Owned Place', ‚Open Place' und ‚Outing Place' betrachtet, um anschließend digitale Kommunikationsmaßnahmen den einzelnen Wirkungsstufen in diesen Räumen zuzuordnen und geeignete Kennzahlen abzuleiten. Der sogenannte ‚Owned Place' kann als digitaler Kommunikationsraum, der von der jeweiligen Organisation vollständig selbst gestaltet werden kann, bezeichnet werden. ‚Open Place' benennt einen digitalen Kommunikationsraum, dessen Gestaltung eine Organisation zwar nicht vollkommen eigenständig beeinflussen kann, allerdings ist sie dort mit einer eigenen Präsenz vertreten. Der sogenannte ‚Outing Place' ist ein kommunikativer Großraum, in dem ein Dialog mit den Nutzern erforderlich ist, beispielsweise in sozialen Netzwerken.[4]

Die Unterteilung der Kommunikationsmaßnahmen in ‚Three Places' ermöglicht eine umfassende Bewertung der digitalen Kommunikationsprozesse, indem das Modell die im Vorfeld bestimmten Zielgrößen, die jeweiligen Zielgruppen und die genutzten Plattformen der Kommunikation einbezieht.[5] Diese Unterscheidung ist wichtig, da die Effekte und Erfolgskriterien je nach Kommunikationsraum differieren.[6] Mit dem ‚Three Places Modell' können sowohl technische Aspekte der Kommunikationserstellung als auch Formen des Response-Verhaltens der Adressaten der Kommunikation gemessen werden (*siehe* Abb. 6.1).

Auf die Besonderheiten der einzelnen digitalen Kommunikationsräume und die Typologie von dafür passenden Key Performance Indicators (KPI) wird im Verlauf dieses Kapitels weiter eingegangen.

[4]Vgl. Rolke (2016, S. 45 f.).
[5]Vgl. Esch und Eichenauer (2016, S. 398).
[6]Vgl. Rolke (2018b, S. 324).

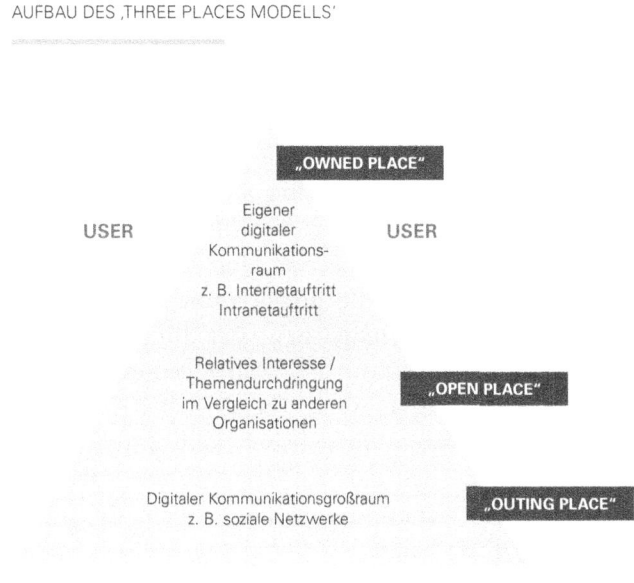

AUFBAU DES ‚THREE PLACES MODELLS'

Abb. 6.1 Aufbau des ‚Three Places Modells'. (Eigene Darstellung in Anlehnung an Rolke 2018a, S. 326)

6.2 Typologie von Kennzahlen in digitalen Kommunikationsräumen

Auf Basis des ‚Three Places Modells' ergibt sich ein raumübergreifendes Gesamtbild über die digitalen Kommunikationsmaßnahmen einer Organisation, das zudem die unterschiedlichen Datenquellen und -strukturen digitaler Kommunikationsformen berücksichtigt.[7] So können im Rahmen des Modells sowohl strukturierte, semistrukturierte als auch unstrukturierte Daten als Grundlage für die Ableitung belastbarer Kennzahlen herangezogen werden.[8]

---

[7] Vgl. Rolke (2016, S. 46).
[8] Vgl. Stieglitz und Wiencierz (2022, S. 291 f.).

Zu den strukturierten Daten gehören zum Beispiel demografische Nutzerdaten oder ‚Gefällt mir'-Reaktionen auf Social Media, die dadurch einen Einblick in die Nutzung von sozialen Medien geben. Strukturierte Daten liegen in einem konkreten Format vor und sind dadurch einfacher zu generieren und auszuwerten. Im Gegensatz dazu haben semistrukturierte Daten zwar eine gewisse Grundstruktur, stehen allerdings mit strukturlosen Daten in Verbindung. Ein Beispiel hierfür wären E-Mails, die zwar unter anderem eine strukturierte Auswertung von Informationen über den Empfänger und den Absender sowie zu Sendedatum und -zeit ermöglichen, der Inhalt der Nachrichten allerdings in der Regel strukturlos ist. Daher gehören diese textuellen Inhalte – ähnlich wie beispielsweise Social-Media-Kommentare – zu den unstrukturierten Daten. Diese haben kein vorgegebenes Format und sind insbesondere bei der Auswertung von ‚Big Data' vorherrschend, wobei die Strukturlosigkeit vor allem die automatisierte Datenanalyse deutlich erschwert.[9]

Für das Kommunikationscontrolling auf Basis des ‚Three Places Modells' müssen nach der Auswertung der jeweiligen Datenquellen die passenden Kennzahlen abgeleitet werden. Hierfür bieten sich bei digitalen Kommunikationsmaßnahmen zwei Zugänge an: Quantitative Methoden greifen unter anderem auf Serverabfragen zurück (zum Beispiel auf Klickraten), um Verhaltensmuster der Zielgruppen aufzudecken. Dagegen beziehen sich qualitative Methoden (zum Beispiel Inhaltsanalysen) auf verhaltenswissenschaftliche Zielgrößen und ermöglichen einen tieferen Blick auf Hintergründe und Zusammenhänge der Kommunikation.[10]

Welche Analysemethoden für die Ableitung der Kennzahlen gewählt werden, hängt von der übergeordneten Fragestellung und individuellen Zielsetzung der jeweiligen Organisation ab.[11] Es sollte allerdings bei der Leistungsmessung digitaler Behördenkommunikation grundsätzlich darauf geachtet werden, dass im Rahmen des ‚Three Places

---

[9] Vgl. Stieglitz und Wiencierz (2022, S. 291 f.).
[10] Vgl. Esch und Eichenauer (2016, S. 387 ff.).
[11] Vgl. Stieglitz und Wiencierz (2022, S. 295).

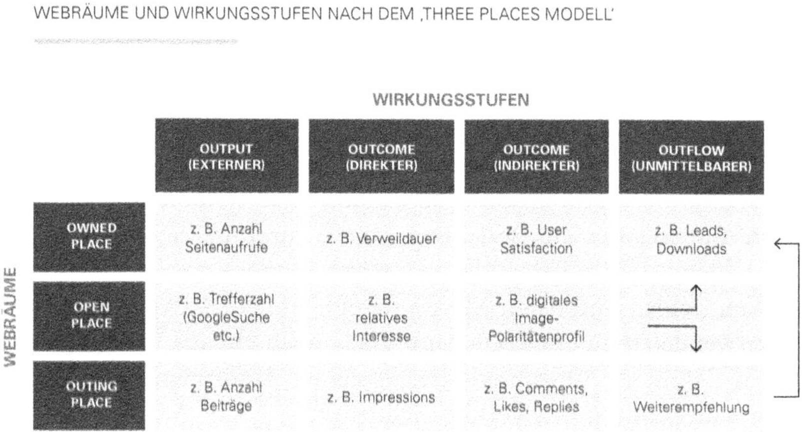

WEBRÄUME UND WIRKUNGSSTUFEN NACH DEM ‚THREE PLACES MODELL'

Abb. 6.2 Webräume und Wirkungsstufen nach dem ‚Three Places Modell'. (Eigene Darstellung in Anlehnung an Rolke 2018a, S. 329)

Modells' der Wirkungsprozess von den ‚Output'- über die ‚Outcome'- bis zu den ‚Outflow'-Effekten in allen drei digitalen Kommunikations-räumen, den sogenannten Webräumen, beobachtet wird,[12] da diese verschiedenen Wirkungsstufen relevant für öffentliche Institutionen sind (*siehe* Abb. 6.2).[13] So lässt sich die Performance öffentlicher Institutionen in der Regel nicht anhand finanzieller Größen, sondern häufig anhand multidimensionaler Leistungsdimensionen (Wirkungs-stufen) messen, die durch unterschiedliche Outcome- bzw. Outputlevel abgebildet werden können.

Wie bereits erläutert wurde, wurden für die Erfassung digitaler Kommunikationsräume zwar bereits zahlreiche Kennzahlen vor-geschlagen, diese sind jedoch nur bedingt für den Einsatz in Behörden geeignet, da sich diese in der Regel auf die Kommunikation gewinn-orientierter Wirtschaftsbetriebe beziehen.[14]

Jedoch werden für die Steuerung der digitalisierten Behörden-kommunikation spezifische Kennzahlen benötigt bzw. müssen die

---

[12] Vgl. Rolke (2016, S. 43 ff.) und Abschn. 2.3 dieses Buches.
[13] Vgl. Preis (2018, S. 68).
[14] Vgl. Rolke (2016, S. 45 f.).

bisher vorgeschlagenen Kennzahlen angepasst und weiterentwickelt werden,[15] damit es für jeden der drei digitalen Kommunikationsräume (Webräume) ‚Owned Place‘, ‚Open Place‘ und ‚Outing Place‘ auch für Behörden passende Indikatoren gibt. Deren alleinige Verwendung ist jedoch meist noch kein aussagekräftiges Maß für den Erfolg oder Misserfolg einer Kommunikationsmaßnahme. Erst wenn einzelne Kennzahlen miteinander in Beziehung gesetzt und in einem passenden Kennzahlensystem miteinander verknüpft werden, erhalten die einzelnen Kennzahlen und deren Messwerte eine höhere Aussagekraft. Wenn die verwendeten Kennzahlen dann auch noch für die Erreichung im Vorfeld definierter Organisationsziele stehen, kann man diese als Key Performance Indicators (KPI) bezeichnen.[16]

Der Bundesverband Digitale Wirtschaft (BVDW) e. V. hat eine KPI-Übersicht für die Erfolgsmessung von digitalen Kommunikationsmaßnahmen gewinnorientierter Unternehmen herausgebracht, die sich in angepasster Form auch auf den behördlichen Bereich übertragen lässt. Die Verfasser dieses Werks haben in Abb. 6.3 eine beispielhafte Anpassung dieser Übersicht für die Bedürfnisse digitaler Behördenkommunikation vorgenommen.

Für die Anwendung des ‚Three Places Modells‘ in der Praxis bietet sich ein adressatengerechtes Reporting an, zum Beispiel visualisiert in Form eines Controlling-Dashboards. Diese komprimierte und übersichtliche Darstellung der Erfolgsfaktoren digitaler Kommunikation kann als eine wichtige Entscheidungshilfe für die Behördenleitung dienen, insbesondere wenn Entscheidungen in kurzer Zeit getroffen werden müssen.[17] Wie diese Controlling-Dashboards in der öffentlichen Verwaltung für die einzelnen digitalen Kommunikationsräume aufgebaut werden könnten, wird in den folgenden Kapiteln erläutert.[18]

---

[15] Vgl. Hirsch und Oberleitner (2020, S. 13 f.).

[16] Vgl. Pein (2019, S. 136 ff.).

[17] Vgl. Stieglitz und Wiencierz (2022, S. 300).

[18] Die Ableitung geeigneter Kennzahlen für die fiktiv gewählten Behördenziele und die Zusammenstellung eines beispielhaften Controlling-Dashboards wurden von den Autoren eigenständig vorgenommen und erarbeitet. Für die Beschreibung der Kennzahlen und der jeweiligen Berechnungsgrundlagen wurde auf folgende Fachliteratur zurückgegriffen: Vgl. Esch und Eichenauer (2016, S. 385–406); Grabs et al. (2019, S. 497–534); Pein (2019, S. 223–236); Rolke (2016, S. 27–52); Wolfer (2020, S. 148).

ZIELE-KPI-KENNZAHLEN: BEISPIELE FÜR DIGITALE BEHÖRDENKOMMUNIKATION

ZIEL	KPI	KENNZAHL	INSTRUMENT	MESSOBJEKT
Bekanntheit der Behörde und ihrer Maßnahmen	Reichweite	Unique Users	Webtracking/Social Media Analytics	Medienkanal
Zufriedenheit der Bürgerinnen und Bürger	Service Satisfaction	Online-Bewertung nach Skala	Monitoring/Umfrage	Bezugsgruppe/ Medienkanal
Effizientere Verwaltungsprozesse	Prozessdauer	Reaktionszeit auf digitale Anfragen	Interne Statistiken/ Monitoring	Organisation/ Medienkanal
Effizienteres Recruiting	Digital Recruiting Rate	Anzahl der Bewerbungen über digitale Kanäle	Interne Statistiken/ Webtracking	Organisation/ Medienkanal
Zufriedenheit der Belegschaft	Loyalitätsfaktor	Anzahl positiver Beiträge auf Online-Bewertungsportalen	Monitoring/ Befragung	Bezugsgruppe/ Medienkanal

Abb. 6.3 Ziele-KPI-Kennzahlen; Beispiele für digitale Behördenkommunikation. (Eigene Darstellung in Anlehnung an die Übersicht des BVDW e. V. 2016)

6.3 Digitaler Kommunikationsraum ‚Owned Place'

Der sogenannte ‚Owned Place' kann als digitaler Kommunikations-raum von der jeweiligen Behörde vollständig selbst gestaltet werden.[19] Hierzu gehören beispielsweise der Internetauftritt der Behörde, aber auch interne Kommunikationsmaßnahmen, zum Beispiel in Form der behördeneigenen Intranetseite.[20]

Gerade der eigene Internetauftritt hat für eine Behörde insbesondere im Krisenfall eine hohe Relevanz in Bezug auf ihre Öffentlichkeits-

---

[19] Vgl. Rolke (2016, S. 45).
[20] Vgl. Rolke (2016, S. 48).

arbeit, weil aktuelle und leicht zugängliche Informationen zentral an einem Ort für die Bevölkerung zur Verfügung gestellt werden können.[21]

Für die Ableitung geeigneter Kommunikationskennzahlen werden in diesem Kommunikationsraum insbesondere sogenannte ‚First-Party'-Daten herangezogen. Dies sind Daten, die eine Organisation besitzt und über die sie die Kontrolle hat, zum Beispiel durch die Analyse eigener Webseiten und Apps oder auch von Mitarbeiterdaten.[22]

Im Folgenden wird zur Veranschaulichung für die Auswahl von Kennzahlen, die den Erfolg von Kommunikationsmaßnahmen im ‚Owned Place' abbilden, das beispielhafte Vorgehen in einer fiktiven Behörde vorgestellt. Sowohl das genannte Behördenziel als auch die Berechnungsgrundlagen beruhen auf fiktiven Annahmen und Daten. Auf Kennzahlen der Input-Ebene wird in diesem Zusammenhang nicht eingegangen, da diese in der Regel im Rahmen der Kostenrechnung der Behörde erfasst werden (zum Beispiel Kosten für Personal, Hard-/Software etc.).

Behördenziel für den ‚Owned Place'

Die Nutzung digitaler Informationsangebote auf der eigenen Behördenhomepage soll erhöht werden. Damit soll die Informationsführerschaft der Behörde für regionale Gesundheitsthemen etabliert werden (siehe Abb. 6.4).

Die Erreichung des formulierten Ziels, die Nutzung des digitalen Informationsangebots auf der eigenen Homepage zu steigern, wird durch fünf Kennzahlen gemessen, die jeweils einer Wirkungsstufe zugeordnet werden können.[23]

Als Kennzahl der Wirkungsstufe ‚interner Output' wird die *Digital Service Quality* vorgeschlagen, als Kennzahl, die den ‚externen Output' misst, die Anzahl der *Page Impressions.* Als Kennzahl für den ‚direkten Outcome' eignet sich die *Verweildauer,* die ein Besucher auf einer Seite bliebt. Als Messgröße für den ‚indirekten Outcome' wird die *Zufriedenheit der Nutzer* mit den Inhalten der Behördenhomepage verwendet, als

---

[21] Vgl. Rolke (2016, S. 45).

[22] Vgl. Stieglitz und Wiencierz (2022, S. 292 f.).

[23] Vgl. zu den Wirkungsstufen Abschn. 2.3 dieses Buches.

CONTROLLING DASHBOARD: OWNED PLACE

Behördenziel: Erhöhte Nutzung der digitalen Informationsangebote auf der eigenen Homepage und Etablierung einer Informationsführerschaft für regionale Gesundheitsthemen (Newsletter).

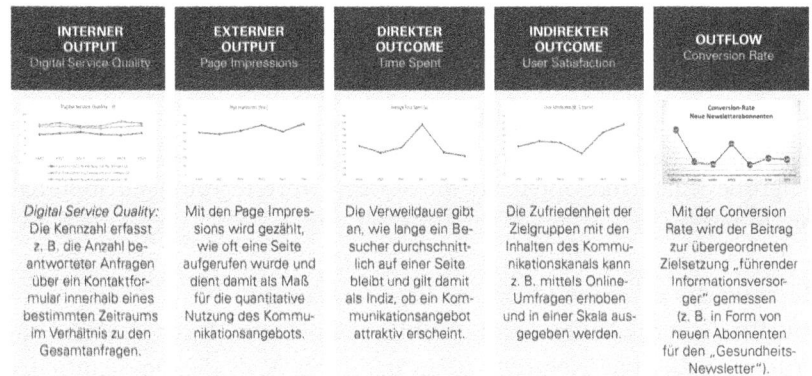

INTERNER OUTPUT Digital Service Quality	EXTERNER OUTPUT Page Impressions	DIREKTER OUTCOME Time Spent	INDIREKTER OUTCOME User Satisfaction	OUTFLOW Conversion Rate
Digital Service Quality: Die Kennzahl erfasst z. B. die Anzahl beantworteter Anfragen über ein Kontaktformular innerhalb eines bestimmten Zeitraums im Verhältnis zu den Gesamtanfragen.	Mit den Page Impressions wird gezählt, wie oft eine Seite aufgerufen wurde und dient damit als Maß für die quantitative Nutzung des Kommunikationsangebots.	Die Verweildauer gibt an, wie lange ein Besucher durchschnittlich auf einer Seite bleibt und gilt damit als Indiz, ob ein Kommunikationsangebot attraktiv erscheint.	Die Zufriedenheit der Zielgruppen mit den Inhalten des Kommunikationskanals kann z. B. mittels Online-Umfragen erhoben und in einer Skala ausgegeben werden.	Mit der Conversion Rate wird der Beitrag zur übergeordneten Zielsetzung „führender Informationsversorger" gemessen (z. B. in Form von neuen Abonnenten für den „Gesundheits-Newsletter").

Abb. 6.4 Controlling-Dashboard ‚Owned Place'. (Eigene Darstellung)

Kennzahl für den ‚Outflow' die sogenannte *Conversion Rate*. Die Kennzahlen und mögliche Zielwerte werden im Folgenden erläutert.[24]

Messung des internen Outputs: *Digital Service Quality*
Die Kennzahl ‚Digital Service Quality' erfasst zum Beispiel die Anzahl beantworteter Anfragen über ein Kontaktformular innerhalb eines bestimmten Zeitraums im Verhältnis zu den Gesamtanfragen.

Berechnungsgrundlage.
Berechnet werden zwei Messgrößen zur Bewertung der *Digital Service Quality:*

---

[24] Die Ableitung geeigneter Kennzahlen für die fiktiv gewählten Behördenziele und die Zusammenstellung eines beispielhaften Controlling-Dashboards wurden von den Autoren eigenständig vorgenommen und erarbeitet. Für die Beschreibung der Kennzahlen und der jeweiligen Berechnungsgrundlagen wurde auf folgende Fachliteratur zurückgegriffen: Vgl. Esch und Eichenauer (2016, S. 385–406); Grabs et al. (2019, S. 497–534); Pein (2019, S. 223–236); Rolke (2016, S. 27–52); Wolfer (2020, S. 148).

a) Anteil der digital beantworteten Anfragen im Verhältnis zu den Gesamtanfragen. Diese Größe wird wöchentlich erfasst und ausgewertet.

$$\frac{Anzahl\ digitaler\ Anfragen}{Anz.\,telef.\,Anfragen + Anz.\,post.\,Anfragen + Anz.\,digitaler\ Anfragen}$$

b) Durchschnittliche Bearbeitungszeit der Anfragen in Tagen

Zielgröße sollen hier mehr als 80 % beantwortete Anfragen innerhalb von 24 h sein.

Messung des externen Outputs: *Page Impressions*
Mit den *Page Impressions* wird gezählt, wie oft eine (Internet-)Seite aufgerufen wurde. Die Kennzahl dient damit als Maß für die quantitative Nutzung des Kommunikationsangebots.

Die Erfassung der Größe erfolgt täglich und wird weiterführend als Wochensumme über einen definierten Zeitraum beobachtet. Zielgröße ist die wöchentliche Steigerung der Aufrufe um mehr als 10 %, bezogen auf den Durchschnitt der Vorwoche. Ab der vierten Woche sollen wöchentlich mindestens 5000 Aufrufe erfolgen.

Messung des direkten Outcomes: *Time Spent*
Die Verweildauer *(Time Spent)* gibt an, wie lange ein Besucher durchschnittlich auf einer Seite bleibt und gilt damit als Indiz, ob ein Kommunikationsangebot attraktiv erscheint.

Berechnungsgrundlage:
Aus den einzelnen Verweildauern auf der Seite wird ein Mittelwert gebildet. Die Erfassung der Größe erfolgt täglich und wird zusätzlich als Mittelwert einer abgeschlossenen Woche über einen definierten Zeitraum beobachtet.

Hinweis: Für die spezifische Situation von Behörden ergibt sich hier ein Zielkonflikt. Einerseits soll das digitale Angebot so ausführlich und informativ wie möglich sein, was für eine lange Verweildauer sprechen würde. Andererseits kann eine lange Verweildauer auch ein Hinweis auf eine schlechte Strukturierung und unnötig langes Suchen bis zur gewünschten Information sein. Messbare Zielgröße soll hier eine minimale Verweildauer von 30 s sein, sodass ausgeschlossen werden kann, dass der Nutzer die Seite wieder direkt verlassen hat. Zusätzlich soll eine maximale Verweildauer von 5 min (= 300 s) das schnelle Auffinden relevanter Inhalte sicherstellen.

Messung des indirekten Outcomes: *User Satisfaction*
Die Zufriedenheit der Zielgruppen *(User Satisfaction)* mit den Inhalten des Kommunikationskanals kann zum Beispiel mittels Online-Umfragen erhoben und anhand einer Skala gemessen werden.

Berechnungsgrundlage:
Aus den einzelnen Ergebnissen einer Online-Umfrage zur Zufriedenheit der Zielgruppen mit den Inhalten des digitalen Kommunikationskanals mit einer Skala von 0 bis 5 Sternen wird ein Mittelwert gebildet (0 = keine Zustimmung bis 5 = volle Zustimmung). Die Erfassung der Größe erfolgt am Ende einer abgeschlossenen Woche und wird über einen definierten Zeitraum beobachtet.

Ziel ist es, einen durchschnittlichen Wert der ‚User-Satisfaction' von 3,5 zu erreichen. Bei deutlich darunter liegenden Durchschnittswerten werden konkrete Verbesserungsmaßnahmen, wie zum Beispiel die Umstrukturierung der betroffenen Unterseiten der Homepage, veranlasst.

Beispiel-Kennzahl zur Messung des Outflow: *Conversion Rate*
Die *Conversion Rate* bezeichnet die Rate, mit der der Status von Zielpersonen in einen neuen Status umgewandelt wird. In diesem Kontext wird dieser Statuswandel als Beitrag zur übergeordneten Zielsetzung der Behörde, führender Informationsversorger für regionale Gesundheitsthemen zu werden, gemessen (zum Beispiel in Form von Newsletter-Abonnenten).

Berechnungsgrundlage:
Anzahl der neuen Newsletter-Abonnenten im Verhältnis zur Zahl der
Seitenaufrufe *(Page Impressions)*.

$$\frac{Anzahl\ der\ neuen\ Newsletterabonnenten\ [pro\ Woche]}{Anzahl\ der\ Page\ Impressions\ [pro\ Woche]}$$

Parallel wird die Abmelderate beobachtet:

$$\frac{Anzahl\ der\ abgemeldeten\ Newsletterabonnenten\ [pro\ Woche]}{Anzahl\ der\ Newsletterabonnenten\ [pro\ Woche]}$$

Die Erfassung der Kennzahlen erfolgt wöchentlich und wird über einen
definierten Zeitraum beobachtet.

6.4 Digitaler Kommunikationsraum ‚Open Place'

Auf dem Kommunikationsraum ‚Owned Place' baut der sogenannte
‚Open Place' auf. Die Gestaltung dieses digitalen Raums kann eine
Behörde zwar nicht vollkommen eigenständig beeinflussen, allerdings
ist sie dort mit einer eigenen Präsenz vertreten.[25] Für die anvisierten
Anspruchsgruppen ist der ‚Open Place' frei zugänglich, weshalb hier
beispielsweise das relative Interesse der User an den Digitalangeboten
der Behörde besonders relevant ist.[26] Zur Datenanalyse werden häufig
auch ‚Second-Party'-Daten verwendet. Diese stammen von fremden
Organisationen, welche die Daten aber für eine gemeinsame Nutzung
zur Verfügung stellen, zum Beispiel, indem auf einen gemeinsamen
Datenpool zugegriffen werden kann.[27] Anwendungsbeispiele für die
öffentliche Verwaltung wären dabei unter anderem der vorgesehene

---

[25] Vgl. Rolke (2016, S. 45).
[26] Vgl. Rolke (2018b, S. 325).
[27] Vgl. Stieglitz und Wiencierz (2022, S. 292 f.).

Portalverbund im Rahmen des ‚Onlinezugangsgesetzes'[28] sowie behördenübergreifende Stellenportale zur Fachkräftegewinnung.

Im ‚Open Place' werden Organisationen in einem Kommunikationsraum wahrgenommen, in welchem sie zwar mit eigenen digitalen Kommunikationsangeboten vertreten sind, allerdings mit anderen Institutionen um Aufmerksamkeit konkurrieren.[29] Im behördlichen Sektor ist damit nicht eine marktwirtschaftliche Konkurrenz gemeint, wie es bei Privatunternehmen der Fall wäre. Für sie geht es dabei vielmehr um die Erreichung der eigenen behördlichen Zielsetzungen, wie zum Beispiel die Akzeptanz der Behörde bei relevanten Stakeholdern oder um die Darstellung ihrer Professionalität oder Attraktivität als Arbeitgeber in einem Stellenportal.[30]

Ein weiteres Merkmal des ‚Open Place' ist, dass dieser für sämtliche Anspruchsgruppen uneingeschränkt erreichbar ist, eine direkte Interaktion mit den Usern jedoch nur eine untergeordnete Rolle spielt.

Kennzahlen, die im Rahmen des ‚Open Place' für das Kommunikationscontrolling erhoben werden, beziehen sich daher insbesondere auf die Auswertung der eigenen Informationsangebote im Vergleich zu den Organisationen, die ebenfalls auf der Plattform vertreten sind.[31] Deshalb sollten in diesem Zusammenhang die sogenannten KPI nicht nur in Form einer Zählgröße (zum Beispiel Anzahl der Besucher), sondern auch als Verhältnisgröße (zum Beispiel durchschnittliche Zahl an betrachteten Seiten pro Besucher) herangezogen werden.[32]

Wie auch schon im vorangegangenen Abschnitt wird an dieser Stelle zur Veranschaulichung einer für die Erfassung des ‚Open Place' geeigneten Zusammensetzung von Leistungskennzahlen für eine Behörde exemplarisch vorgestellt (*siehe* Abb. 6.5). Auch in diesem Fall beruhen sowohl das genannte Beispiel für ein mögliches Behördenziel

---

[28] Vgl. Hirsch und Oberleitner (2020, S. 10 ff.).
[29] Vgl. Rolke (2016, S. 45).
[30] Vgl. Siegel (2019, S. 335).
[31] Vgl. Rolke (2016, S. 45).
[32] Vgl. Esch und Eichenauer (2016, S. 388).

CONTROLLING DASHBOARD: OPEN PLACE

Behördenziel: Es sollen mehr als 70 Prozent der Fachkräfte für die Behörde extern über Online-Plattformen rekrutiert werden.

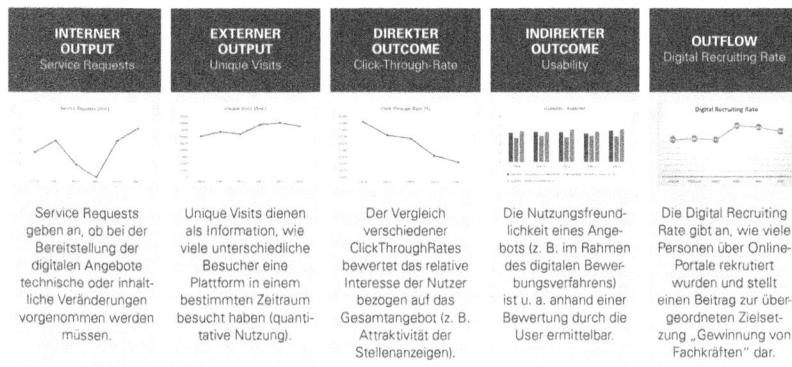

| INTERNER OUTPUT Service Requests | EXTERNER OUTPUT Unique Visits | DIREKTER OUTCOME Click-Through-Rate | INDIREKTER OUTCOME Usability | OUTFLOW Digital Recruiting Rate |

Service Requests geben an, ob bei der Bereitstellung der digitalen Angebote technische oder inhaltliche Veränderungen vorgenommen werden müssen.

Unique Visits dienen als Information, wie viele unterschiedliche Besucher eine Plattform in einem bestimmten Zeitraum besucht haben (quantitative Nutzung).

Der Vergleich verschiedener ClickThroughRates bewertet das relative Interesse der Nutzer bezogen auf das Gesamtangebot (z. B. Attraktivität der Stellenanzeigen).

Die Nutzungsfreundlichkeit eines Angebots (z. B. im Rahmen des digitalen Bewerbungsverfahrens) ist u. a. anhand einer Bewertung durch die User ermittelbar.

Die Digital Recruiting Rate gibt an, wie viele Personen über Online-Portale rekrutiert wurden und stellt einen Beitrag zur übergeordneten Zielsetzung „Gewinnung von Fachkräften" dar.

Abb. 6.5 Controlling-Dashboard ‚Open Place'. (Eigene Darstellung)

als auch die dazugehörigen Kennzahlen auf fiktiven Annahmen und Daten. Erneut wird auf die Berechnung einer ‚Input'-Kennzahl verzichtet, da die Kennzahlen der ‚Input'-Ebene in der Regel im Rahmen der Kostenrechnung erfasst werden.

Als Kennzahl der Wirkungsstufe ‚interner Output' wird hier die *Anzahl der Service Requests* vorgeschlagen, als Kennzahl, die den ‚externen Output' misst, die *Anzahl der Unique Visits*. Als Kennzahl für den ‚direkten Outcome' eignet sich die *Click-Through-Rate*. Als Messgröße für den ‚indirekten Outcome' wird die *Nutzungsfreundlichkeit des Angebots* verwendet, als Kennzahl für den ‚Outflow' die sogenannte *Digital Recruiting Rate*. Die Kennzahlen und mögliche Zielbeiträge werden im Folgenden erläutert.[33]

---

[33] Die Ableitung geeigneter Kennzahlen für die fiktiv gewählten Behördenziele und die Zusammenstellung eines beispielhaften Controlling-Dashboards wurden von den Autoren eigenständig vorgenommen und erarbeitet. Für die Beschreibung der Kennzahlen und der jeweiligen Berechnungsgrundlagen wurde auf folgende Fachliteratur zurückgegriffen: Vgl. Esch und Eichenauer (2016, S. 385–406); Grabs et al. (2019, S. 497–534); Pein (2019, S. 223–236); Rolke (2016, S. 27–52); Wolfer (2020, S. 148).

Behördenziel für den ‚Open Place'
Die Rekrutierung von Fachkräften für die eigene Behörde soll zu mehr als 70 % über Online-Plattformen erfolgen.

Messung des internen Outputs: *Service Requests*
Die Kennzahl *Service Requests* gibt an, inwieweit bei der Bereitstellung der digitalen Angebote der Behörde technische oder inhaltliche Veränderungen vorgenommen werden müssen (zum Beispiel Aktualisierung von Verlinkungen etc.). Die *Service Requests* können sowohl von den Plattformbetreibern als auch von den Nutzern ausgehen. Als Ziel werden weniger als drei *Service Requests* zur Fehlerkorrektur pro Tag definiert. Die Erfassung der Größe als absolute Anzahl erfolgt täglich.

Messung des externen Outputs: *Unique Visits*
Diese Kennzahl dient als Information, wie viele unterschiedliche Besucher eine Plattform in einem bestimmten Zeitraum besucht haben (quantitative Nutzung).

Berechnungsgrundlage:
Die Erfassung der Größe erfolgt am Ende einer abgeschlossenen Woche und wird über einen definierten Zeitraum beobachtet.
    Zielsetzung sei eine halbjährliche Steigerung der *Unique Visits* um 10 %.

Messung des direkten Outcomes: *Click Through-Rate*
Der Vergleich verschiedener *Click-Through-Rates* (‚Durchklick-Raten') bewertet das relative Interesse der Nutzer bezogen auf das Gesamtangebot (zum Beispiel Attraktivität der Stellenanzeigen).

Berechnungsgrundlage:
Die Anzahl der Aufrufe zum Beispiel einer Stellenanzeige wird ins Verhältnis zu den Aufrufen *(Unique Visits)* des Stellenportals gesetzt. Diese Größe wird über die Laufzeit der Stellenanzeige wöchentlich erfasst und ausgewertet.

$$\frac{Anzahl\ Aufrufe\ der\ Stellenanzeige}{Anzahl\ der\ Aufrufe\ des\ Stellenportals}$$

Als Ziel sei ein Verhältnis von 2 % angegeben.

Messung des indirekten Outcomes: *Usability*
Die Nutzungsfreundlichkeit eines Angebots (zum Beispiel im Rahmen des digitalen Bewerbungsverfahrens) ist unter anderem anhand einer Bewertung durch die Nutzer der Internetseite (User) ermittelbar.

Berechnungsgrundlage:
In einer Online-Umfrage werden die Kriterien ‚Komplexität‘, ‚Dauer‘ und ‚Weiterempfehlung‘ in einer 5-stufigen Skala (0 = keine Zustimmung bis 5 = volle Zustimmung) nach der Bewerbung über das digitale Stellenportal von den Usern subjektiv bewertet. Erfasst wird ein wöchentlicher Mittelwert der Größen, dieser wird über einen definierten Zeitraum beobachtet.
Angestrebt sei ein Zustimmungswert, der über 4 liegt.

Messung des Outflow: *Digital Recruiting Rate*
Die *Digital Recruiting Rate* gibt an, wie viele Personen – in Bezug auf alle Neueinstellungen – über Online-Portale rekrutiert wurden und stellt somit einen Beitrag zur übergeordneten Zielsetzung der Behörde ‚Gewinnung von Fachkräften‘ dar.

Berechnungsgrundlage:
Anzahl der über ein Online-Bewerbungsverfahren neu eingestellten Mitarbeiterinnen und Mitarbeiter im Verhältnis zur Gesamtzahl der neu eingestellten Mitarbeiterinnen und Mitarbeiter der Behörde. Diese Größe wird monatlich erfasst und ausgewertet.

$$\frac{Anzahl\ \ddot{u}ber\ Online - Portal\ neu\ eingestellte\ Mitarbeiter}{Anzahl\ neu\ eingestellte\ Mitarbeiter}$$

Als Zielgröße wird eine Quote von 70 % angestrebt.

Hinweis: Die drei Kennzahlen *Unique Visits, Click-Through-Rate* und *Usability* sind in diesem genannten Beispiel nicht ausschließlich durch die eigene Behörde beeinflussbar. Sie sind jedoch im weiteren Entscheidungsprozess über Kommunikationsmaßnahmen zur Vergleichbarkeit von Online-Angeboten im ‚Open Place' geeignet. Dadurch könnte zukünftig zum Beispiel eine Fokussierung auf besonders reichweitenstarke oder besonders benutzerfreundliche Plattformen veranlasst werden.

6.5 Digitaler Kommunikationsraum ‚Outing Place'

Der sogenannte ‚Outing Place' ist ein kommunikativer Großraum, in welchem ein Dialog mit den Nutzern erforderlich ist, beispielsweise in sozialen Netzwerken. Ein passendes Ziel für Behörden könnte in diesem Raum sein, sich als verlässlicher Kommunikationspartner für Bürgerinnen und Bürger zu positionieren und zum Beispiel auf die eigene Homepage für weiterführende Informationen hinzuweisen.[34] Hierbei ist das sogenannte ‚organisationale Zuhören' wichtig, um Chancen und Kritikpotenziale in Bezug auf die digitale Kommunikation einer Behörde, aber auch in Bezug auf ihr Handeln gegenüber den Anspruchsgruppen allgemein, zu erkennen und veränderte Bedürfnisse der Anspruchsgruppen zu identifizieren.[35] Ausgewertet werden dazu insbesondere ‚Third-Party'-Daten. Dies sind externe Daten aus verschiedenen Quellen außerhalb der Behörde, zum Beispiel aus Social-Media-Kanälen, die eigenständig oder durch Dienstleister analysiert werden können.[36]

Behörden, die in sozialen Netzwerken aktiv sind, begeben sich folglich in den sogenannten ‚Outing Place'. Dieser digitale

---

[34] Vgl. Rolke (2016, S. 45 f.).

[35] Vgl. Sass (2018, S. 46).

[36] Vgl. Stieglitz und Wiencierz (2022, S. 292 f.).

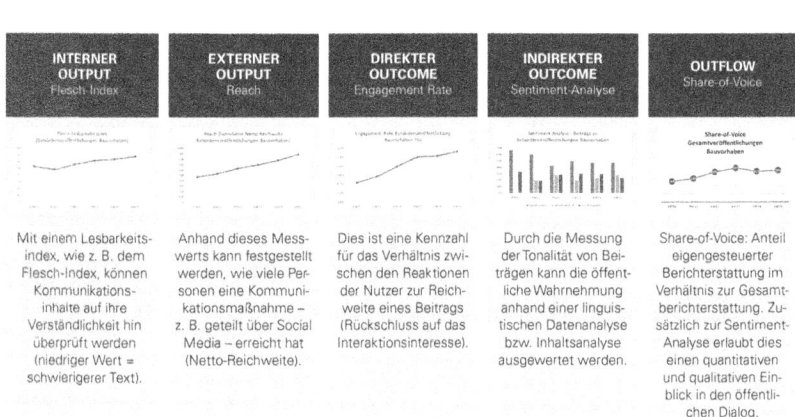

Abb. 6.6   Controlling-Dashboard ‚Outing Place'. (Eigene Darstellung)

Kommunikationsgroßraum wird wesentlich von dialogorientierten Angeboten geprägt. Vor allem im Krisenfall können hier Meinungsäußerungen und Stimmungen gegenüber der Wahrnehmung einer Behörde schon in einer frühen Phase identifiziert werden.

So kann zum Beispiel durch Sentimentanalysen ein grobes Stimmungsbild erfasst werden, indem die Tonalität von Social-Media-Beiträgen analysiert wird.[37] Ein Mehrwert entsteht für die Nutzer des ‚Outing Place' daher vor allem durch eine zielgruppenspezifische Interaktion.[38]

Die umfangreichen Auswertungsmöglichkeiten von Daten in sozialen Netzwerken erlauben sowohl eine deskriptive Analyse, wie zum Beispiel die Messung der Zahl der Follower oder Likes, aber auch diagnostische Analysen, um Zusammenhänge und Muster zu identifizieren sowie prädiktive Analysen, das heißt Prognosen zu den Wahrscheinlichkeiten

---

[37] Vgl. Stieglitz und Wiencierz (2022, S. 301 f.).
[38] Vgl. Rolke (2018b, S. 330).

von zukünftigen (gesellschaftlichen) Entwicklungen auf Basis des sogenannten ‚Data Minings', vorzunehmen.[39]

Wie Kennzahlen für den sogenannten ‚Outing Place' in einer Behörde definiert sein können, wird an dieser Stelle erneut an einem fiktiven Beispiel dargestellt (*siehe* Abb. 6.6).

Behördenziel für den ‚Outing Place'
Die Deutungshoheit bei der öffentlichen Diskussion über ein bestimmtes regionales Bauvorhaben behalten.

Die Erreichung des formulierten Ziels, die *Deutungshoheit* bei der öffentlichen Diskussion über ein bestimmtes Bauvorhaben zu behalten, wird durch fünf Kennzahlen gemessen, die jeweils einer Wirkungsstufe zugeordnet werden können.[40]

Als Kennzahl der Wirkungsstufe ‚interner Output' wird der sogenannte *Flesch-Index* verwendet, der die Verständlichkeit von Kommunikationsinhalten misst. Als Kennzahl für den ‚externen Output' eignet sich die *Nettoreichweite (Reach)* von Kommunikationsmaßnahmen. Als Messgröße des ‚direkten Outcome' wird die *Engagement-Rate* herangezogen, als Messgröße für den ‚indirekten Outcome' die Ergebnisse einer sogenannten *Sentiment-Analyse,* die die Tonalität einer User-Kommunikation misst. Schließlich bietet sich für die Messung auf der ‚Outflow'-Ebene die Verwendung der Kennzahl *Share-of-Voice* an. Diese Kennzahlen und mögliche Zielbeiträge werden im Folgenden erläutert.[41]

---

[39] Vgl. Stieglitz und Wiencierz (2022, S. 295 f.).
[40] Vgl. zu den Wirkungsstufen Abschn. 2.3 dieses Buches.
[41] Die Ableitung geeigneter Kennzahlen für die fiktiv gewählten Behördenziele und die Zusammenstellung eines beispielhaften Controlling-Dashboards wurden von den Autoren eigenständig vorgenommen und erarbeitet. Für die Beschreibung der Kennzahlen und der jeweiligen Berechnungsgrundlagen wurde auf folgende Fachliteratur zurückgegriffen: Vgl. Esch und Eichenauer (2016, S. 385–406); Grabs et al. (2019, S. 497–534); Pein (2019, S. 223–236); Rolke (2016, S. 27–52); Wolfer (2020, S. 148).

Messung des internen Outputs: *Flesch-Index*
Mit einem Lesbarkeitsindex, wie zum Beispiel dem Flesch-Index, können Kommunikationsinhalte auf ihre Verständlichkeit hin über-prüft werden.[42] Der Flesch-Index wird auf einer Skala von 0 bis 100 gemessen, wobei niedrige Werte ein Indiz dafür sind, dass es sich um besonders schwer verständliche Texte handelt.

Berechnungsgrundlage für deutsche Texte:[43]
$$FRE_{deutsch} = 180 - ASL - (58{,}5 * ASW)$$

ASL = Average sentence length (mittlere Satzlänge)
  ASW = Average number of syllables per word (mittlere Silbenanzahl/ Wort)

Das Ziel der fiktiven Behörde in diesem Beispiel ist ein Flesch-Index größer als 50, um die Lesbarkeit und Verständlichkeit der Texte für die Bürgerinnen und Bürger sicherzustellen. Diese Größe wird wöchentlich erfasst und ausgewertet, um anschließend gegebenenfalls Verbesserungsmaßnahmen bei der Texterstellung einzuleiten.

Messung des externen Outputs: *Reach*
Anhand dieses Messwerts kann festgestellt werden, wie viele Personen eine Kommunikationsmaßnahme – zum Beispiel geteilt über Social Media – erreicht hat.

Berechnungsgrundlage:
Betrachtet wird hier die Netto-Reichweite in Form der Anzahl der Personen, die mit einer Kommunikationsmaßnahme mindestens einmal erreicht wurden. Diese Größe wird wöchentlich erfasst und ausgewertet. Es wird eine Steigerung der wöchentlichen Netto-Reichweite von 2 % angestrebt.

---

[42] Vgl. Wolfer (2020, S. 147 ff.).
[43] Vgl. Wolfer (2020, S. 147 ff.).

Messung des direkten Outcomes: *Engagement*
Dies ist eine Kennzahl für das Verhältnis zwischen den Reaktionen der
Nutzer zur Reichweite eines Beitrags (Rückschluss auf das Interaktions-
interesse).

Berechnungsgrundlage:
Anzahl der Reaktionen auf einen Beitrag (wie Likes, Kommentare,
Retweets etc.) im Verhältnis zur Netto-Reichweite. Diese Größe
wird wöchentlich erfasst und ausgewertet, um mit gezielten
Kommunikationsangeboten eine wöchentliche 5-%ige Steigerung der
Interaktionsrate zu erreichen.

$$\frac{Anzahl\ Reaktionen\ auf\ einen\ Beitrag}{Netto-Reichweite}$$

Messung des indirekten Outcomes: *Sentiment*
Durch die Messung der Tonalität von Beiträgen kann die öffentliche
Wahrnehmung anhand einer linguistischen Datenanalyse bzw. Inhalts-
analyse ausgewertet werden.

Berechnungsgrundlage:
Bewertet wird die Anzahl positiver, negativer und neutraler Beiträge im
Verhältnis zur Gesamtzahl der Beiträge. Diese Größe wird wöchentlich erfasst und ausgewertet. Ein tägliches Social-Media-Monitoring
wird parallel dazu durchgeführt, um auf einen gegebenenfalls auf-
kommenden Umschwung der öffentlichen Stimmung schnell reagieren
zu können.

$$\frac{Anzahl\ positiver/negativer/neutraler\ Beiträge}{Gesamtzahl\ der\ Beiträge}$$

Messung des Outflow: *Share-of-Voice*
Für das Behördenziel ,Deutungshoheit bei der öffentlichen Diskussion
über ein bestimmtes regionales Bauvorhaben behalten' wird die Zahl
der relevanten Beiträge ins Verhältnis zur Gesamtzahl der Veröffent-

lichungen gesetzt. In Kombination mit der *Sentiment-Analyse* ergibt sich ein quantitativer und qualitativer Einblick in den öffentlichen Dialog.

Berechnungsgrundlage:

$$\frac{\text{Anzahl eigenveröffentlichter Beiträge}}{\text{Gesamtzahl der Beiträge}}$$

Diese Größe wird wöchentlich erfasst und ausgewertet. Angestrebt wird folgende Zielsetzung: Die Share-of-Voice soll größer 40 % liegen und es soll eine Tonalität mit mehr als 30 % positiver Resonanz erreicht werden.

6.6   Blick in die Praxis: Das ‚Three Places Modell‘ zur Steuerung digitaler Kommunikationsmaßnahmen des Bayerischen Staatsministeriums des Innern, für Sport und Integration in Bezug auf die Covid-19-Pandemie

Von Birgit Grain, Social Media Managerin im Sachgebiet ‚Kommunikation und Bürgerdialog‘ des Bayerischen Staatsministeriums des Innern, für Sport und Integration.

Die sich ab Frühjahr 2020 weltweit ausbreitende Covid-19-Pandemie hat nicht nur die Bevölkerung, sondern auch staatliche Institutionen mit bis dato ungekannten Aufgaben konfrontiert.[44] So wurde von Bayerns Innenminister Joachim Herrmann aufgrund der pandemischen

---

[44] Vgl. Hirsch et al. (2021, S. 21).

Lage am 16. März 2020 der Katastrophenfall erstmals für ganz Bayern ausgerufen.[45]

Nach dem Bayerischen Katastrophenschutzgesetz (BayKSG) übernimmt das Bayerische Innenministerium (StMI) in einem Katastrophenfall als gesetzlich beauftragte, oberste Katastrophenschutzbehörde im Freistaat informationssteuernde und koordinierende Aufgaben und ist in Zusammenarbeit mit den sogenannten ‚Führungsgruppen Katastrophenschutz' (FüGK) unter anderem auch für Kommunikation, Bevölkerungsinformation und Medienarbeit zuständig. Der Katastrophenfall in Bayern wurde zunächst bis einschließlich 16. Juni 2020 aufrechterhalten, allerdings wegen der erneuten rasanten Ausbreitung des Coronavirus in Bayern später noch weitere Male ausgerufen.

Diese Situation war in mehrerlei Hinsicht eine Besonderheit: Zwar gibt es klar definierte Prozessstrukturen zum Umgang mit einer Katastrophe, doch eine flächendeckende, langanhaltende Katastrophenlage stellte die üblichen Abläufe vor ganz neue Herausforderungen.[46] Besonders deutlich wird dies bei der Betrachtung der Informations- und Kommunikationsprozesse. Während – beispielsweise bei der Kommunikation zu einem Hochwasser-Ereignis – Informationen lokal über einen begrenzten Zeitraum hinweg gegeben werden müssen (zum Beispiel zu Pegelständen und Wetteraussichten), war es im Corona-Katastrophenfall die Herausforderung, eine langfristige, bayernweite Krisenkommunikation für die Bevölkerung aus dem Stegreif aufzubauen.

Das Bundesamt für Bevölkerungsschutz und Katastrophenhilfe (BBK) bezeichnet den Begriff ‚Krisenkommunikation' in diesem Zusammenhang als den „Austausch von Informationen und Meinungen während einer Krise zur Verhinderung oder Begrenzung von Schäden an einem Schutzgut".[47] Im ‚Leitfaden für Krisenkommunikation' definiert das Bundesministerium des Innern (BMI) darüber

---

[45] Vgl. Herrmann (2020), ‚Newsletter StMI aktuell', Ausgabe v. 16.03.2020.
[46] Vgl. Herrmann (2020), ‚Newsletter StMI aktuell', Ausgabe v. 28.05.2020.
[47] Bundesamt für Bevölkerungsschutz und Katastrophenhilfe (2011, S. 17).

hinaus weitere Anforderungen, welche von einer Behörde bei der Kommunikation in einem Katastrophenfall beachtet werden müssen.

Das oberste Ziel der Kommunikationsprozesse in einer Krise sollte sein, dass das Vertrauen und die Glaubwürdigkeit in die Organisation weiterhin bestehen bleiben.[48] Erreicht wird dies laut BMI vor allem durch eine transparente Kommunikation mit der Öffentlichkeit, indem die Behörde umfassend und faktenbasiert über Ursachen, Auswirkungen und die Folgen einer Krise informiert. Dadurch können Informationen kanalisiert und die Diskussion in der Öffentlichkeit geleitet werden. Für das Funktionieren einer rechtsstaatlichen Demokratie ist schließlich das Vertrauen der Bürgerinnen und Bürger in staatliche Institutionen in einem Krisenfall essenziell.[49]

In einer Krise ist es für Katastrophenschutzbehörden darüber hinaus wichtig, die Meinungshoheit anzustreben und Präsenz zu zeigen, wodurch ein akut drohender Schaden eventuell vermieden bzw. ein bereits entstandener eingegrenzt werden kann. Wichtige Informationen (zum Beispiel Warnhinweise, Verhaltensregeln, Maßnahmen) müssen unverzüglich allen relevanten Beteiligten weitergegeben werden. Für die konkrete Gestaltung der Kommunikationsprozesse sind darüber hinaus zwei weitere Aspekte wichtig. Zum einen muss es eine klare und abgestimmte Kommunikationslinie für ein inhaltlich und argumentativ einheitliches Auftreten geben (sogenannte Kommunikationskaskade) und zum anderen muss die Behörde außerdem sicherstellen, dass alle Mitarbeiterinnen und Mitarbeiter im Krisenstab über die Prozessabläufe im Rahmen der Krisenkommunikation informiert sind.[50] Allerdings hat sich die Covid-19-Pandemie in diesem Zusammenhang auch als Verstärker von bestehenden Problemlagen gezeigt – gerade in Bezug auf die digitale Leistungsfähigkeit von Behörden im Gesundheitswesen.[51]

Die Geschwindigkeit, mit der die Coronakrise tiefgreifende Veränderungen und hohe Anforderungen für eine medienbruchfreie

---

[48] Vgl. Bundesministerium des Innern (2011, S. 13 ff.).
[49] Vgl. Jäggi (2021, S. 194).
[50] Vgl. Bundesministerium des Innern (2011, S. 13 ff.).
[51] Vgl. Riedl und Stember (2021, S. 18 f.).

und passgenaue Kommunikation mit sich brachte, stellte öffentliche Organisationen vor enorme Schwierigkeiten.[52] Jedoch entpuppte sich die Pandemie in vielen Bereichen dagegen auch als Beschleuniger der Digitalisierung, da staatliche Institutionen auf das gestiegene und insbesondere digitale Informationsbedürfnis der Bürgerinnen und Bürger, der Unternehmen und der Medien reagieren mussten. So schnellten beispielsweise die Besucherzahlen von Covid-19-Informationswebseiten in die Höhe und die Nachfrage nach digitalen Tools, die zur Eindämmung der Pandemie beitragen konnten, stieg rasant an.[53]

Auch das Bayerische Innenministerium reagierte darauf und stimmte seine übergeordneten und kommunikativen Zielsetzungen und Instrumente dementsprechend darauf ab: Schließlich hatte das StMI als oberste Katastrophenschutzbehörde und Aufsichtsbehörde der Bayerischen Polizei bei der digitalen Kommunikation mit der Bevölkerung eine zentrale Rolle einzunehmen. Während der Covid-19-Pandemie erfolgte daher eine überregionale Öffentlichkeitsarbeit unter anderem durch lageabhängige Newsletter, eine täglich aktualisierte Internetseite (www.corona-katastrophenschutz.bayern.de), die Bereitstellung eines digitalen ‚Fragen und Antworten'-Katalogs für Bürgerinnen und Bürger, nachgeordnete Behörden und die Bayerische Polizei sowie eine umfangreiche Presse- und Social-Media-Arbeit. Gerade die kurzfristig angeordneten Verhaltensregeln für die Bevölkerung, beispielsweise auf Basis der Bayerischen Infekt ionsschutzmaßnahmenverordnung, führten darüber hinaus zu zahlreichen Bürger- und Presseanfragen, die das StMI über verschiedene digitale Kanäle erreichten und zeitnah beantwortet wurden.

Für ein umfassendes Kommunikationscontrolling lassen sich auf Basis des ‚Three Places Modells' die verschiedenen Bestandteile und Zielsetzungen dieser digitalen Kommunikationsmaßnahmen des StMI den jeweiligen Kommunikationsräumen zuordnen (*siehe* Abb. 6.7).

---

[52] Vgl. Misgeld und Jamin (2020, S. 10 ff.).
[53] Vgl. Jäggi (2021, S. 179 ff.).

,THREE PLACES MODELL' AM BEISPIEL DER DIGITALEN KOMMUNIKATION
DES STMI ZUR CORONA-PANDEMIE

„OWNED PLACE"

USER   Corona-Informationen   USER
        auf der Internetseite und
        im Intranet des StMI
        Themenseite
        www.corona-katastrophenschutz.bayern.de
        Corona-Newsletter

FAQ-Plattform /
Anbindung an FAQ-Portale   „OPEN PLACE"
zu Corona-Themen

Corona-Informationen in sozialen
Netzwerken und umfangreiches   „OUTING PLACE"
Community-Management

USER

Abb. 6.7 ,Three Places Modell' am Beispiel der digitalen Kommunikation des StMI zur Corona-Pandemie. (Eigene Darstellung in Anlehnung an Rolke 2018a, S. 326)

Digitaler Kommunikationsraum ,Owned Place'

Das StMI hat im März 2020 sofort zu Beginn der Covid-19-Pandemie in Bayern die Informationsseite www.corona-katastrophenschutz. bayern.de eingerichtet, um Bürgerinnen und Bürgern, die im Internet nach Informationen zur Corona-Krise gesucht haben, in dieser für sie ungewohnten und schwierigen Situation tagesaktuelle Informationen zu bieten und um im Netz kursierenden Falschmeldungen schnell entgegenzuwirken. Parallel kam mit einem zielgruppenspezifischen Corona-Newsletter ein weiteres digitales Kommunikationsmittel hinzu. Dieser Corona-Sondernewsletter sollte nicht nur die Bevölkerung, sondern auch Rettungsorganisationen und andere Behörden mit den wichtigsten Informationen zur Pandemie unmittelbar und schnell versorgen können. Der Newsletter erschien unter dem Begriff ,Corona-

Update' vom 16. März 2020 bis 17. Juni 2020 täglich. Ab 25. Juni 2020 erfolgte ein wöchentlicher Versand. Um möglichst viele interessierte Leserinnen und Leser mit diesen Informationen versorgen zu können, war es daher ein wichtiges Ziel, dass der Newsletter über die Internetseiten des StMI zahlreich abonniert werden sollte. Hinzu kamen stets aktualisierte interne Informationen für die Mitarbeiterinnen und Mitarbeiter des StMI über das behördeneigene Intranet.

Digitaler Kommunikationsraum ‚Open Place'
Die Auswertung des ‚Open Place'-Faktors ‚*Relatives Interesse*' war auch bei den durch das StMI angebotenen ‚Fragen und Antworten'-Katalogen zu Regelungen für die Covid-19-Pandemie von Bedeutung, indem zum Beispiel eine digitale Anbindung an die FAQ-Portale weiterer Institutionen erfolgte. Dadurch kam ein täglich aktualisiertes und attraktives Informationsangebot des StMI zur Corona-Pandemie zustande, welches auch in ‚Fragen und Antworten'-Portale anderer Behörden eingebunden werden konnte. Dieses Angebot sollte auch dazu beitragen, dass sich noch mehr Bürgerinnen und Bürger auf der StMI-Informationsseite   www.corona-katastrophenschutz.bayern.de informieren.

Digitaler Kommunikationsraum ‚Outing Place'
Im Zuge der Covid-19-Pandemie haben sich für das Bayerische Innenministerium die sozialen Netzwerke als eine wichtige Schnittstelle für die Kommunikation mit Bürgerinnen und Bürgern entwickelt, indem die Social-Media-Kanäle des StMI als vertrauenswürdige und verlässliche Informationsquelle dienten. Darüber hinaus konnten Bürgeranfragen zu aktuellen Corona-Regelungen zeitnah beantwortet werden, indem das StMI schnell und niederschwellig digital zu erreichen war. Rasche Reaktionszeiten erwiesen sich dabei als hilfreich, da dadurch Falschmeldungen unmittelbar begegnet und darauf reagiert werden konnte. Zielsetzung war hier, so weit wie möglich die Deutungshoheit bei der Diskussion zu Corona-Regelungen, die im Zuständigkeitsbereich des StMI lagen, zu behalten, – vor allem mit Blick auf die sich

im besonderen Fall der Corona-Krise dynamisch ändernde Regelungs-
landschaft.

In Abb. 6.8 wird gezeigt, wie ein spezifisches Kennzahlenset für
das Controlling dieser digitalen Öffentlichkeitsarbeit aussehen kann.
Dabei werden die einzelnen Ebenen der Wirkungsstufen ‚Input‘, ‚Output‘, ‚Outcome‘ und ‚Outflow‘ mit jeweils für die einzelnen Webräume
passenden Steuerungs- und Messgrößen verknüpft. Steuerungsgrößen
auf der ‚Input‘-Ebene sind beispielsweise der Personaleinsatz oder der
Finanzaufwand für die jeweiligen Maßnahmen. Auf der ‚Output‘-Ebene
geht es zum Beispiel um die Steuerungsgrößen Prozesseffizienz und
Qualität (‚interner Output‘) bzw. um Reichweite und Inhalte (‚externer
Output‘). Damit Veränderungen bei den Nutzerinnen und Nutzern
durch die digitalen Kommunikationsmaßnahmen erfasst werden
können, fokussiert sich die Wirkungsstufe auf der ‚Outcome‘-Ebene
auf die Aspekte Wahrnehmung/Nutzung/Wissen (‚direkter Outcome‘)
und auf Veränderungen bei Meinungen/Emotionen/Einstellungen der
User (‚indirekter Outcome‘). Abschließend geht es auf der ‚Outflow‘-
Ebene um die Wertschöpfung, also sämtliche Wertbeiträge der digitalen
Kommunikationsmaßnahmen zur Erreichung der strategischen
Zielgrößen.

Zur Erfassung der Messgrößen für die digitalen Kommunikationsmaßnahmen ist ein empirisch gestütztes Vorgehen, zum
Beispiel durch Beobachtung, Auswertung, Befragung oder Datenanalyse, unabdingbar, damit festgestellt werden kann, wie hoch der
Beitrag bestimmter Kommunikationsmaßnahmen zu Erreichung
strategischer Kommunikationsziele ist. Die den jeweiligen Wirkungsstufen zugeordneten Messgrößen sind wiederum abhängig von den
Zielsetzungen in den einzelnen digitalen Kommunikationsräumen. So
beziehen sich beispielsweise die in Abb. 6.8 unter anderem genannten
Kennzahlen *Page Impressions* und *Downloads* auf den digitalen
Kommunikationsraum ‚Owned Place‘, während sich die *FAQ-Anfrage*n
und die *Click-Through-Rate* in Bezug auf ein behördenübergreifendes
FAQ-Portal als Kennzahl des ‚Open Place‘ einordnen lassen. Für
den digitalen Kommunikationsgroßraum ‚Outing Place‘ sind vor
allem Kennzahlen rund um den Social-Media-Auftritt des StMI von
Bedeutung, darunter zum Beispiel die *Engagement-Rate*. In einem

VERKNÜPFUNG VON WIRKUNGSSTUFEN UND ‚THREE PLACES MODELL'
AM BEISPIEL DER DIGITALEN KOMMUNIKATION DES STMI ZUR CORONA-PANDEMIE

	INPUT	OUTPUT		OUTCOME		OUTFLOW
Steuergröße	Ressourcen	Erstellter digitaler Content		Nutzung digitaler Kommunikation / Wahrnehmung		Wertbeitrag digit. Kommunikation / Wertschöpfung
		Interner Output	Externer Output	Direkter Outcome	Indirekter Outcome	
Messgrößen (bspw.)	Personaleinsatz, Finanzaufwand	Prozesseffizienz, Qualität	Reichweite, Inhalte	Wahrnehmung / Nutzung / Wissen	Meinung / Emotion / Einstellung	Einfluss auf strat. Zielgrößen
Beobachtung / Analyse	Zulieferung aktuelle Informationen von Fachabteilung	Budgettreue, Umsetzungszeit	Page Impressions, Download v. Informationen	Unique Visits	FAQ-Anfragen, Tonalität	Share-of-Voice / Sentiment
Auswertung • Zahlen • Texte/Bilder	Personalkosten, Outsourcing-Kosten, Technik Hardware/Software	Lesbarkeit (Flesch-Index) Fehlerquote / Service Req.	Links zur / von der Themenseite; Click-Through-Rate	Verweildauer	Engagement (Teilen / Liken / Kommen.)	Conversion-Rate, z. B. Newsletter-Abonnement; Traffic-to-Lead-Ratio
Befragung • schriftlich / mündlich • offen / geschlossen				Wissen und Anwendung von Corona-Regeln	User-Satisfaction, Weiterempfehlung	
Angewandte Analyseverfahren	Effizienzberechnungen (Input/Output-Analysen)			Korrelations- / Regressionsanalysen (kombinierbar mit Effizienz- und Medienresonanzanalysen); Medienresonanzanalysen		Reputationsbewertung
Messobjekt	Organisation	Organisation	Medien/Kanäle	Bezugsgruppen		Organisation

Initiierung von Kommunikationsprozessen — Umsetzung von Kommunikationsprozessen — Ergebnisse von Kommunikationsprozessen

Abb. 6.8 Verknüpfung Wirkungsstufen und ‚Three Places Modell' am Beispiel der digitalen Kommunikation des StMI zur Corona-Pandemie. (Eigene Darstellung angelehnt an Rolke et al. 2022)

nächsten Schritt ist eine weitere Operationalisierung der einzelnen Zielsetzungen in den jeweiligen Webräumen notwendig, die zum Beispiel in Form von Controlling-Dashboards erfolgen kann.

6.7 Was Sie aus diesem Kapitel mitnehmen können

Für das Controlling digitaler Kommunikationsmaßnahmen sind Erhebungsmethoden geeignet, welche die veränderten Wirkungszusammenhänge und Gesetzmäßigkeiten der digitalen Kommunikation verdichten und in ihrer Kausalität abbilden können. Eine mögliche Herangehensweise ist dabei das sogenannte ‚Three Places Modell' nach Rolke (2016). Im Rahmen dieses Modells werden die drei miteinander verbundenen digitalen Kommunikationsräume ‚Owned Place', ‚Open Place' und ‚Outing Place' betrachtet, um anschließend digitale Kommunikationsmaßnahmen den einzelnen Wirkungsstufen in diesen Räumen zuzuordnen und geeignete Kennzahlen abzuleiten. Die Unterteilung der Kommunikationsmaßnahmen in ‚Three Places' ermöglicht eine umfassende Bewertung der digitalen Kommunikationsprozesse, indem das Modell die im Vorfeld bestimmten Zielgrößen, die jeweiligen Zielgruppen und die genutzten Plattformen der Kommunikation einbezieht. Diese Unterscheidung ist wichtig, da die Effekte und Erfolgskriterien je nach Kommunikationsraum differieren. Mit dem ‚Three Places Modell' können nicht nur technische Aspekte der Kommunikationserstellung, sondern auch Formen des Response-Verhaltens der Adressaten der Kommunikation gemessen werden. Außerdem können im Rahmen des Modells sowohl strukturierte, semistrukturierte als auch unstrukturierte Daten als Grundlage für die Ableitung belastbarer Kennzahlen herangezogen werden. Die einzelnen Kennzahlen sollten dabei miteinander in Beziehung gesetzt und in einem passenden Kennzahlensystem miteinander verknüpft werden. Dadurch erhalten die einzelnen Kennzahlen und deren Messwerte eine höhere Aussagekraft.

Literatur

Bundesamt für Bevölkerungsschutz und Katastrophenhilfe (2011): BBK-Glossar. Ausgewählte zentrale Begriffe des Bevölkerungsschutzes, Bonn.

Bundesministerium des Innern (2011): Schutz Kritischer Infrastrukturen. Risiko- und Krisenmanagement. Leitfaden für Unternehmen und Behörden, Berlin.

BVDW e. V. (2016): Richtlinie zur Social-Media-Erfolgsmessung in Unternehmen des Bundesverbandes Digitale Wirtschaft (BVDW) e. V., Düsseldorf.

Esch, F.-R./Eichenauer, S. (2016): Verfahren zur Messung der Kommunikationswirkung im Internet und bei Social Media, in: Handbuch Controlling der Kommunikation, hrsg. von Franz-Rudolf Esch et al., 2. überarb. Aufl., Wiesbaden, S. 385–405.

Grabs, A./Bannour, K.-P./Vogl, E. (2019): Follow me!, 5. überarb. Auflage, 1. korrig. Nachdruck, Bonn.

Herrmann, J. (2020): StMI aktuell – Newsletter des Bayerischen Innenministeriums, Ausgaben v. 16.03.2020 u. 28.05.2020.

Hirsch, B./Oberleitner, H.-P. (2020): Kennzahlen für die Steuerung digitalisierter Behörden, in: innovative Verwaltung, 7–8/2020, S. 10–14.

Hirsch, B./Schäfer, F.-S., Schneider, Y. (2021): Wie sich Covid-19 auf die Arbeit lokaler Verwaltungen auswirkt, in: innovative Verwaltung, 12/2021, S. 21–23.

Hirsch, B./Weber, J./Schäfer, F.-S. (2018): Kennzahlen als Mess- und Steuerungsinstrument in Behörden, Berlin.

Jäggi, C. J. (2021): Die Corona-Pandemie und ihre Folgen, Wiesbaden.

Misgeld, M./Jamin, L. (2020): Digitalisierung in Behörden ganzheitlich denken, in: innovative Verwaltung, 10/2020, S. 10–13.

Pein, V. (2019): Der Social Media Manager, 3. überarb. Auflage, 1. korrig. Nachdruck, Bonn.

Preis, A. (2018): Kommunikation und ihr Controlling in der öffentlichen Verwaltung, in: Controlling & Management Review, 7/2018, S. 68-72.

Riedl, R./Stember, J. (2021): Politik und Verwaltung unter Reformdruck, in: innovative Verwaltung, 12/2021, S. 18–20.

Rolke, L. (2016): Kommunikations-Controlling: Strategiegeleitete Steuerung mittels Wirkungsmanagement, in: Handbuch Controlling der Kommunikation, hrsg. von Franz-Rudolf Esch et al., 2. überarb. Aufl., Wiesbaden, S. 27–52.

Rolke, L. (2018a): Kommunikationssteuerung nach dem Stakeholder-Kompass – Wertschöpfung durch Wirkungsmanagement, in: Kommunikationssteuerung, hrsg. von Lothar Rolke und Jan Sass, Berlin/Boston, S. 17–38.

Rolke, L. (2018b): Webmonitoring next level, in: Kommunikationssteuerung, hrsg. von Lothar Rolke und Jan Sass, Berlin/Boston, S. 319–331.

Rolke, L./Buhmann, A./Zerfaß, A. (2022): Evaluation und Controlling der Unternehmenskommunikation, in: Handbuch Unternehmenskommunikation, hrsg. von Ansgar Zerfaß et al., 3. überarb. Aufl., Wiesbaden, S. 595–615.

Sass, J. (2018): Kommunikations-Controlling in der digitalen Praxis, in: Kommunikationssteuerung, hrsg. von Lothar Rolke und Jan Sass, Berlin/Boston, S. 39–50.

Siegel, J. P. (2019): Strategisches Management, in: Handbuch zur Verwaltungsreform, hrsg. von Sylvia Veit et al., 5. überarb. Aufl., Wiesbaden, S. 333–344.

Stieglitz, S./Wiencierz, C. (2022): Digitalisierung, Big Data und soziale Medien als Rahmenbedingungen der Unternehmenskommunikation, in: Handbuch Unternehmenskommunikation, hrsg. von Ansgar Zerfaß et al., 3. überarb. Aufl., Wiesbaden, S. 289–309.

Wolfer, S. (2020): Wie können wir die Verständlichkeit von Texten messen? Eine Annäherung an die Erhebung des Verstehensprozesses von Verwaltungssprache, in: Verständliche Verwaltungskommunikation in Zeiten der Digitalisierung, hrsg. von Rudolf Fisch et al., Baden-Baden, S. 145–156.

7

10 Tipps für die Einführung eines erfolgreichen Kommunikationscontrollings in Ihrer Behörde

Tipp 1: Wagen Sie den ersten Schritt!
Als Kommunikationsverantwortliche in Ihrer Behörde haben Sie häufig mit zeitkritischen Anfragen und Termindruck zu kämpfen. Es kostet Sie daher sicher etwas Überwindung, ein umfangreicheres Projekt wie die Einführung eines Kommunikationscontrollings anzugehen. Vielleicht fragen Sie sich auch, ob es nicht besser wäre, noch ein bestimmtes Gesetzesvorhaben oder eine Legislaturperiode abzuwarten, bis Sie ein Kommunikationscontrolling-Konzept bei sich einführen wollen.

Doch Sie können sich sicher sein: Sobald Sie den ersten Schritt in Richtung Kommunikationscontrolling gewagt haben, haben Sie schon vieles richtig gemacht. Denn es gibt nicht einen ‚einzig wahren‘ Weg für die Implementierung eines Kommunikationscontrollings, sondern jede Verwaltungsorganisation muss für sich selbst einen praxistauglichen und behördenindividuellen Ansatz wählen. Schließlich zeigt erst die Erprobung in der Praxis, welche behördenspezifischen Controlling-Ansätze sich bewähren. Betrachten Sie am besten zunächst nur ein konkretes Projekt aus der Perspektive des Kommunikationscontrollings. Dadurch können Sie einen relativ schnellen Nutzennachweis vorlegen und gewinnen behördenintern Akzeptanz für Ihr neues

B. Grain und B. Hirsch, *Controlling digitaler Behördenkommunikation*, https://doi.org/10.1007/978-3-658-42044-4_7

Vorhaben. Allein durch die Tatsache, dass Sie sich mit der Einführung eines Kommunikationscontrollings beschäftigt haben, zeigen Sie, dass Sie die Chancen von mehr Transparenz, Prozessorientierung und Kommunikationssteuerung erkannt haben!

Tipp 2: Kennen Sie Ihre Strategie! (?)
Es ist kein Tippfehler, dass bei dieser Überschrift auf das Ausrufezeichen noch ein Fragezeigen folgt. Tatsächlich ist es für die Einführung eines erfolgreichen Kommunikationscontrollings essenziell, sowohl die konkrete strategische Ausrichtung Ihrer Gesamtorganisation als auch Ihre behördenspezifische Kommunikationsstrategie zu kennen, um Ihre Kommunikationsmaßnahmen darauf abzustimmen. Daher lautet die entscheidende Frage: Kennen Sie diese Strategien? Für den Fall, dass Sie diese Frage mit ‚Nein' beantworten müssen: Gibt es in Ihrer Behörde Strategiepapiere, an denen Sie sich orientieren können? Falls nicht, ist es wichtig, dass Sie gemeinsam mit der Behördenleitung diese Strategien festlegen. Denn wenn Sie den Wertbeitrag Ihrer digitaler Kommunikationsformen messen möchten, ist es unabdingbar, dass für Ihre Behörde und die Behördenleitung klar wird, welche Zielsetzungen Sie mit Ihren digitalen Kommunikationsmöglichkeiten erreichen wollen und wie diese mit der übergeordneten Behördenstrategie verknüpft werden können.

Tipp 3: Formulieren Sie Ihre Ziele SMART!
Wenn wir davon ausgehen, dass Ihre Behörde eine Strategie für die Gesamtorganisation festgelegt hat, dann sind damit sicherlich auch bestimmte Zielsetzungen verbunden. In diesem Buch wurde bereits erläutert, wie wichtig es ist, die jeweiligen Zielvorgaben messbar zu formulieren, um deren Erreichung später über ein Kommunikationscontrolling messen und bewerten zu können. Dafür haben wir Ihnen die sogenannte SMART-Formel vorgestellt.[1] Anhand dieser Formel können Sie Ihre Zielformulierungen prüfen.

Lauten die Ziele Ihrer Behörde also nach wie vor so:

---

[1] Vgl. Hirsch et al. (2018, S. 18 f.).

„Wir wollen zukünftig mehr Fachkräfte gewinnen." Oder sind diese mittlerweile SMART formuliert:

„Innerhalb der nächsten 12 Monate wollen wir einen 10-prozentigen Stellenzuwachs bei unseren Verwaltungsangestellten über digitale Recruitingmaßnahmen erreicht haben."

Durch die Formulierung von SMART-Zielen sind Sie nicht länger von Ihrem Bauchgefühl abhängig, sondern können gegenüber der Behördenleitung mit Daten und Fakten argumentieren und so Ihre Erfolge messbar darstellen.

Tipp 4: Suchen Sie sich Verbündete!

Veränderungen in einer Organisation führen zunächst oftmals zu Verunsicherungen bei den Mitarbeiterinnen und Mitarbeitern. Insbesondere dann, wenn aufgrund von Missverständnissen der Begriff ‚Controlling' gegebenenfalls mit ‚Kontrolle' gleichgesetzt wird und die Belegschaft in Ihrer Behörde fürchtet, ab sofort nur noch ausschließlich an Kennzahlen gemessen zu werden. Daher ist bei der Einführung eines Kommunikationscontrollings eine umfassende interne Kommunikation notwendig, um den Beschäftigten diese Ängste nehmen zu können. Stimmen Sie sich mit der Personalvertretung und den für den Datenschutz zuständigen Kolleginnen und Kollegen eng ab, um von vornherein für eine Akzeptanz Ihres Vorhabens zu sorgen. Dabei hilft auch ein Schulterschluss mit weiteren internen Stakeholdern, die bei der Einführung des Kommunikationscontrollings unterstützen können. Gibt es gegebenenfalls bereits ein betriebswirtschaftliches Controlling oder ein Personal-Controlling in Ihrer Behörde? Wird Ihre Organisation bereits durch eine Balanced Scorecard gesteuert, an der Sie sich zum Beispiel mit einer Communication Scorecard anschließen können? In jedem Fall benötigen Sie in Ihrer Behörde ein funktionierendes Netzwerk, auf das Sie sich verlassen können. Kommunikationscontrolling ist kein Projekt für Einzelkämpfer.

Tipp 5: Vermeiden Sie Datenfriedhöfe!

Es ist richtig, dass ein fundiertes Kommunikationscontrolling nur dann funktioniert, wenn dieses auf einer aussagekräftigen Datenbasis aufbauen kann. Allerdings darf diese Datensammlung nicht nach dem

Motto ‚Viel hilft viel' passieren. Leider kommt es in Behörden häufiger vor, dass Daten getrennt nach Fachabteilungen in einer Art ‚Daten-Silo' gesammelt und zum reinen Selbstzweck erhoben werden. Meistens werden diese Daten dann allerdings nicht weiter aufbereitet, sondern später sprichwörtlich auf einem ‚Datenfriedhof' beerdigt. Bei der Einführung eines Kommunikationscontrollings ist es daher wichtig, nur die für Sie relevanten Daten in Ihrem Haus zusammenzuführen und den Aufwand ihrer Erhebung so gering wie möglich zu halten. Dabei geht es insbesondere um das systematische Auffinden von Daten, zum Beispiel, indem durch Prozessanalysen eruiert wird, welche digitalen Kommunikationswege und Workflows es innerhalb Ihrer Organisation gibt. Anschließend sollten die aus diesen Daten resultierenden Kennzahlensysteme nicht überfrachtet werden. Sammeln Sie deshalb nur Informationen, also für Sie erkenntnisbringende Daten, die in einem Zielzusammenhang maßgeblich sind – gerade auch mit einem Blick darauf, dass die im Zuge der Digitalisierung entstehenden Datenmengen in Behörden weiter zunehmen werden. Nur so erhalten Sie ein stimmiges Kennzahlenset, das auf das Wesentliche reduziert ist. Dies macht es später einfacher, Ihre Kommunikationsstrategie anhand Ihrer Controlling-Ergebnisse auf die Zukunft auszurichten.

Tipp 6: Seien Sie offen für Benchlearning!
Eigentlich könnten es Behörden bei den Themen ‚Benchmarking' und ‚Benchlearning' im Vergleich zu gewinnorientierten Unternehmen aus der Privatwirtschaft ziemlich einfach haben. Aufgrund der Tatsache, dass der öffentlichen Verwaltung keine finanziellen Einbußen durch Wettbewerbsnachteile oder Konkurrenten drohen, könnte man vermuten, dass Benchmarking und Benchlearning in diesem Sektor schon an der Tagesordnung sind, vor allem wenn es darum geht, voneinander zu lernen und dadurch besser zu werden. Leider ist dem nicht so, sondern die Bereitschaft zum Teilen eigener Erfahrungen und Lösungsansätze ist im behördlichen Umfeld noch etwas zurückhaltend. Zu groß ist vielleicht die Furcht der jeweiligen Behördenleitung, dass in diesem Rahmen gegebenenfalls Fehlinterpretationen oder ‚falsche' Ansätze durch das Bekanntwerden behördeninterner Prozesse oder Leistungskennzahlen publik werden und die Leistungen der eigenen Behörde

(im Vergleich zu anderen) weniger gut beurteilt werden würden. Dabei würde gerade Benchlearning für Behörden zahlreiche Vorteile bieten. Durch das ‚Lernen von den Besten' im Rahmen eines ‚Best Practice'-Ansatzes könnten große Lerneffekte erzielt werden. Auch wenn die jeweiligen Strukturen und Zielsetzungen bei Verwaltungen unterschiedlich sind, könnten sie sich zum Beispiel in Qualitätszirkeln oder ‚Kommunikationscontrolling'-Arbeitskreisen austauschen, um voneinander zu lernen und Erkenntnisse auszutauschen. Sie haben eigentlich oder zumindest finanziell nichts zu verlieren, sondern profitieren davon, indem Sie zum Beispiel neue Projekte angehen können, die sich in der Umsetzung bei Ihren Kolleginnen und Kollegen bereits als praxistauglich erwiesen haben.

Tipp 7: Holen Sie sich Experten!
Würden Sie heutzutage den Pressespiegel für Ihre Behörde noch mit einem Stapel Tageszeitungen, einer Schere und einem Klebestift erstellen? Vermutlich nicht. So wie für die tägliche Presseauswertung mittlerweile verlässliche digitale Dienstleistungsangebote verfügbar sind, gibt es auch Experten für das Controlling digitaler Kommunikationsmaßnahmen. Dabei ist es nicht notwendig, auf teure Anbieter zurückgreifen zu müssen, sondern es gibt auch kostengünstige bzw. teilweise sogar kostenfreie Tools, die Sie für die Auswertung Ihrer digitalen Kommunikationsprozesse nutzen können. Obwohl diese Auswertungsmöglichkeiten oftmals automatisiert erfolgen, ist dafür von den Kommunikationsverantwortlichen in Ihrer Behörde trotzdem ein entsprechendes Hintergrundwissen erforderlich. So ist es bei der Interpretation der Daten wichtig, den Gesamtzusammenhang der Behördenkommunikation im Auge zu behalten, um Entwicklungen und Tendenzen richtig einschätzen zu können. Daher sollten Kommunikatoren in Behörden über das nötige Fachwissen verfügen, um digitale Kommunikationsprozesse beurteilen zu können. Ansonsten besteht die Gefahr, dass Zusammenhänge verfälscht dargestellt werden. So könnten zum Beispiel sogenannte ‚Social Bots' in Ihre digitale Kommunikation eingreifen und dadurch die Leistungsmessung und Ergebnisbetrachtung verfälschen. Damit solche Manipulationsversuche erkannt werden, sind Fachwissen und Medienkompetenz bei den

zuständigen Behördenmitarbeiterinnen und -mitarbeitern erforderlich; gegebenenfalls ist es daher überlegenswert, Kommunikationsprofis als Quereinsteiger in Ihre Behörde zu holen. Sollten die Kommunikations-verantwortlichen in Ihrer Organisation nicht über diese Grund-voraussetzungen verfügen, ist es empfehlenswert, Auswertungen mit Unterstützung externer Expertise durchzuführen. Dies beginnt beim Zukauf von auf Ihre Behörde zugeschnittenen Auswertungstools bis hin zur Auslagerung des gesamten Analyseprozesses an Drittanbieter. Dabei handelt es sich in der Regel um auf den Online-Bereich spezialisierte Dienstleister, die im Auftrag von Behörden die Aufbereitung und Ein-ordnung der Auswertungsergebnisse übernehmen können.

Tipp 8: Digital First – auch wenn es Zeit und Nerven kostet!
In diesem Buch wurde ausführlich beschrieben, dass zu den ver-änderten Mediennutzungsgewohnheiten der Bürgerinnen und Bürger auch gestiegene Ansprüche an eine aktive, trans-parente und verständliche digitale Behördenkommunikation kommen. Die digitale Kommunikation gehört folglich heutzu-tage fest zu den kommunikativen Erwartungen der Bevölkerung an die öffentliche Verwaltung. Bei der Einführung von digitalen Kommunikationsmaßnahmen gibt es in Behörden aber oftmals interne und externe Hürden: Als technische Hindernisse werden vor allem Schnittstellenprobleme beschrieben, die unter anderem dann auftreten, wenn die IT-Infrastruktur der am Projekt beteiligten Institutionen zu heterogen ist. Organisatorische Hürden liegen gegebenenfalls in der strikt hierarchischen und unflexiblen bürokratischen Struktur der öffentlichen Verwaltung begründet. Institutionelle Heraus-forderungen bei der Einführung digitaler Systeme können psychischer, rechtlicher und kultureller Natur sein. Darüber hinaus unterliegt die Digitalisierung in der öffentlichen Verwaltung der Gefahr des sogenannten ‚Produktivitätsparadoxons': Ohne einen Umbau von Prozessen und Strukturen bleiben erhoffte Effizienz- und Effektivitäts-gewinne aus. Hinzu kommt ein mögliches ‚Modernisierungsparadoxon': Die Einführung moderner Technologien wird nur dazu benutzt, um

traditionelle Denk- und Verfahrensweisen zu konservieren, anstatt die Neugestaltung von Geschäftsprozessen zu betreiben.[2]

Bitte haben Sie diese genannten Hürden und mögliche ‚Rückschläge' im Blick, wenn Sie das Kommunikationscontrolling in Ihrer Behörde angehen. Wie Sie in diesem Buch gelesen haben, lohnt es sich für Sie und Ihre Arbeit in jedem Fall, am Ball zu bleiben! ‚Digital First!' sollte Ihre Maxime bei der Einführung eines Kommunikationscontrollings sein – auch wenn es Zeit und Nerven kostet.

Tipp 9: Auch als Behörde kann man nicht *nicht*-digital kommunizieren

Paul Watzlawick stellte in der Kommunikationstheorie äußerst bekannte Grundregeln auf. Er hat damit versucht, die menschliche Kommunikation zu erklären und dabei ihre Paradoxie aufzuzeigen. Das erste dieser Axiome trifft insbesondere auch auf die digitale Behördenkommunikation zu:

> *„Man kann nicht nicht kommunizieren, denn jede Kommunikation (nicht nur mit Worten) ist Verhalten und genauso wie man sich nicht nicht verhalten kann, kann man nicht nicht kommunizieren."*[3]

Jede Behörde erzeugt bei Bürgerinnen und Bürgern einen Eindruck durch seine Kommunikation. Dieser Eindruck kann positiv oder negativ sein, ganz unabhängig von der jeweils gewählten Kommunikationsform (persönliches Gespräch, Telefonat, Schriftstück, Flyer, Pressemitteilung usw.). Diese große Chance, dass die Bevölkerung durch die Kommunikationsmaßnahmen der öffentlichen Verwaltung deren Leistungen wahrnimmt, birgt gleichzeitig eine Problematik: Auch eine nicht aktiv betriebene Kommunikation hinterlässt eine Wahrnehmung bei der Bevölkerung. Verweigert eine Behörde beispielsweise dialogische Kommunikationsmittel, wie zum Beispiel Social Media, kann dies als rückständig oder ignorant ausgelegt werden. Gilt eine

---

[2] Vgl. Brüggemeier (2019, S. 581 ff.).
[3] Vgl. Watzlawick et al. (2011, S. 58 ff.).

behördliche Internetseite als technisch veraltet, kann dies dilettantisch und ‚verstaubt' wirken.

Folglich hat die gezielte strategische Entscheidung einer Behörde, einen gesellschaftlich etablierten digitalen Kommunikationskanal *nicht* zu nutzen, auch eine bestimmte Außenwirkung. Dies muss bei der Festlegung von Kommunikationszielen mit Blick auf das Kommunikationscontrolling bedacht werden. Lautet beispielsweise eine kommunikative Zielsetzung, innerhalb der nächsten 12 Monate keinen ‚Shitstorm' zu generieren, dann ist diese Formulierung nur dann zulässig, wenn man sich mit seinen Kommunikationsmaßnahmen grundsätzlich auch in die ‚Gefahren' von Social Media vorwagt. Die ‚Freude' darüber, keinen ‚Shitstorm' abbekommen zu haben, kann nicht wirklich als Erfolg gewertet werden, wenn man überhaupt keinen dialogorientierten Kommunikationskanal angeboten hat. Bitte bedenken Sie dies bei der Ausrichtung Ihrer Kommunikationsstrategie und des darauf aufbauenden Kommunikationscontrollings. Jede Ihrer Kommunikationsentscheidungen hat Konsequenzen und entfaltet eine bestimmte Wirkung auf die Rezipienten.

Tipp 10: Kommunikationscontrolling ist Führungsaufgabe!
Stellen Sie sich vor Ihrem geistigen Auge ein Schiff vor: Wer hält aus Ihrer Sicht das Steuerrad in der Hand?

Wenn Sie das Kommunikationscontrolling in Ihrer Behörde zu verantworten haben, dann sind SIE es, die sinnbildlich genau an diesem Steuerrad stehen. Kommunikationscontrolling hat eine Steuerungsfunktion und Sie berichten direkt an Ihre Behördenleitung, die Ihnen das Steuerrad anvertraut. Dieser große Stellenwert des Kommunikationscontrollings muss in Ihrer Organisation deutlich gemacht werden – und dazu brauchen Sie auch die Rückendeckung der obersten Führungsebene. Ohne diese Unterstützung können Sie das Kommunikationscontrolling nicht dauerhaft und erfolgreich implementieren. Sie benötigen Budgetsicherheit und die Auswahl der für Sie relevanten KPI muss nach individuellen Vereinbarungen zwischen Ihnen und der Hausspitze erfolgen. Für diese Aufwertung der Kommunikationsfunktion liefern Sie im Gegenzug konsistentere und stringenter aufgebaute Kommunikationsmaßnahmen durch das

Kommunikationscontrolling. Denn Kommunikationscontrolling heißt nicht zwangsläufig, dass dauerhaft zusätzliche Ressourcen benötigt werden, sondern führt dazu, dass unnötige und aufwändige Datenerhebungen wegfallen und Kommunikationsprozesse insgesamt effektiver und effizienter ablaufen können. Nicht vergessen: SIE haben das Steuer in der Hand!

Literatur

Brüggemeier, M. (2019): Digitale Prozesse, in: Handbuch zur Verwaltungsreform, hrsg. von Sylvia Veit et al., 5. überarb. Aufl., Wiesbaden, S. 581–591.

Hirsch, B./Weber, J./Schäfer, F.-S. (2018): Kennzahlen als Mess- und Steuerungsinstrument in Behörden, Berlin.

Watzlawick, P./Beavin, J. H./Jackson, D. D. (2011): Menschliche Kommunikation. Formen, Störungen, Paradoxien, 12. unveränd. Auflage, Bern.

Abkürzungsverzeichnis/Glossar

A
ADV (Automatisierte Datenverarbeitung)
AMEC (Association for the Measurement and Evaluation of Communication)
Anonymisierung
ARD (Arbeitsgemeinschaft der öffentlich-rechtlichen Rundfunkanstalten der Bundesrepublik Deutschland)
ARD/ZDF-Onlinestudie

B
Balanced Scorecard (BSC).
Barcelona Declaration of Measurement Principles
BayEGovG (Gesetz über die elektronische Verwaltung in Bayern).
BayKSG (Bayerisches Katastrophenschutzgesetz).
BBK (Bundesamt für Bevölkerungsschutz und Katastrophenhilfe).
Benchlearning
Benchmarking
Big Data
BDSG (Bundesdatenschutzgesetz).
Behördenkommunikation

© Der/die Herausgeber bzw. der/die Autor(en), exklusiv lizenziert an Springer Fachmedien Wiesbaden GmbH, ein Teil von Springer Nature 2023
B. Grain und B. Hirsch, *Controlling digitaler Behördenkommunikation*,
https://doi.org/10.1007/978-3-658-42044-4

Berichtswesen
Binärsystem
BMI (Bundesministerium des Innern und für Heimat).
Bottom-Up-Kommunikation
BSI (Bundesamt für Sicherheit in der Informationstechnik).
BVDW (Bundesverband Digitale Wirtschaft e. V.)

C
Chatbots
Click-Through-Rate
Communication Scorecards
Computerisierung
Conversion Rate
Cookies
Covid-19 (Coronavirus Disease 2019).

D
Dashboard
Data Mining
Datenaktualität
Datenauswertung
Datenbereinigung
Datengenerierung
Datenintegrität
Datenmanagement
Datenmengen
Datenqualität
Datenquellen
Datenreduzierung
Datenschutz
Datenschutzerklärung
Datensicherheit
Datenstrukturen
Datentransformation
Deutschland Online (Arbeitsgruppe).

Dienstleistungsprozesse
Digital Recruiting Rate
Digital Service Quality
Digitaler Wandel
Digitalisierung
Direkter Outcome
DPRG (Deutsche Public Relations Gesellschaft).
DSGVO (Datenschutzgrundverordnung).

E
E-Government (Electronic Government).
E-Government-Gesetz des Bundes (EGovG).
EDV (Elektronische Datenverarbeitung).
Effektivität
Effizienz
Engagement
Erfolgskontrolle
Ergiebigkeitsprinzip
Evaluation
Externer Output

F
FAQ (Frequently Asked Questions).
First-Party-Daten
Flesch-Index
FüGK (Führungsgruppe Katastrophenschutz).

G
GG (Grundgesetz für die Bundesrepublik Deutschland).

H

I
ICV (Internationaler Controller Verein).
Informationssicherheit

Image
Indirekter Outcome
Individualkommunikation
Input
Input-Output-Relation
Interner Output
Internet Service Provider
IP (Internetprotokoll).
IST-Output
IT (Informationstechnologie).
IT-Grundschutz

J

K
Kennzahlen
Kennzahlen-Cockpit
Kennzahlensteckbrief
Kernprozesse
KI (Künstliche Intelligenz).
Kommunikationsareale
Kommunikationsbotschaften
Kommunikationskaskade
Kommunikationsmittel
Kommunikationsobjekte
Kommunikationsraum
Kommunikationstheorie
Kommunikationsträger
Kommunikationswissenschaft
Kommunikationszeitpunkte
KoopA ADV (Kooperationsausschuss von Bund und Ländern für automatisierte Datenverarbeitung).
KPI (Key Performance Indicator).
Krisenkommunikation

L
Langzeitstudie Massenkommunikation
Legalität
Legitimität
Leistungskennzahlen
Logfile-Analyse

M
Makroebene
Managementprozesse
Maßnahmenplanung
Massenkommunikation
Maximalprinzip
Measurement
Mediaforschung
Medienbeobachtung
Medienkompetenz
Mediennutzungsverhalten
Medienwandel
Medienwirkungsforschung
Mesoebene
Mikroebene
Minimalprinzip
Monitoring
Multi-User-Access
Multiplikatoreneffekte

N
Netzwerkbetreiber
New Public Management

O
Onlineportale
Open Data
Open Government
Open Place
Operative Umsetzung

Organisationales Zuhören
Organisationskommunikation
Outcome
Outcome-Checking
Outflow
Outing Place
Output
Owned Place
OZG (Gesetz zur Verbesserung des Onlinezugangs zu Verwaltungs-
leistungen; Onlinezugangsgesetz).

P
Page Impressions
Partizipation
Performance Management
Performance Measurement
PESTLE (Englisches Akronym für die Begriffe ‚political‘, ‚economical‘,
‚sociological‘, ‚technological‘, ‚legal‘ und ‚environmental‘).
Portalverbund
Professionalität
Prozessmanagement
Prozessmodell
Pseudonymisierung

Q
Qualitative Methoden
Quantitative Methoden

R
Reach
Reliabilität
Reporting
Reputationsuntersuchungen
Responsivität
Rezeptionsforschung
Rezipientenforschung

S
Second-Party-Daten
Sender-Empfänger-Kommunikation
Sentiment
Sentimentanalyse
Service Requests
Share-of-Voice
Situationsanalyse
SMART (Englisches Akronym für die Begriffe ,specific', ,measurable',
,achievable', ,realistic/relevant' und ,time-bound').
Social Bots
Social-Media-Analytics
Social-Media-Dashboards
SOLL-Output
Soziale Netzwerke/Social Media
Sparsamkeitsprinzip
Stakeholder-Modell
StMI (Bayerisches Staatsministerium des Innern, für Sport und
Integration).
Strategieentwicklung
SWOT (Englisches Akronym für die Begriffe ,strengts', ,weaknesses',
,opportunities' und ,threats').
Synthetisierung

T
Third-Party-Daten
Three Places Modell
Time Spent
Tonalität
Top-Down-Kommunikation
TTDSG (Telekommunikation-Telemedien-Datenschutz-Gesetz).

U
Unidirektionale Kommunikation
Unique Visits
Unternehmenskommunikation

Unterstützungsprozesse
Usability
User Satisfaction

V
Validität
Vereinbarung über gemeinsame Verantwortlichkeit
Voice Assistants
VwVfG (Verwaltungsverfahrensgesetz).

W
Webräume
Web-Server
Wertbeitrag
Wertschöpfung
Wirkungsdimensionen
Wirkungsstufen
Wirkungsstufenmodell
Wirtschaftlichkeitsprinzip

XYZ
ZDF (Zweites Deutsches Fernsehen).
Zielformulierung

The manufacturer's authorised representative in the EU is Springer

Nature Customer Service Centre GmbH, Europaplatz 3, 69115 Heidelberg,

Germany. If you have any concerns regarding our products, please

contact ProductSafety@springernature.com

Printed and bound by CPI Group (UK) Ltd, Croydon, CR0 4YY

24/04/2026

02096365-0004